단숨에 켠다.

단기 특강

영어독해 유형편

KB190408

↓ 정답과 해설은 EBS*i* 사이트(www.ebsi.co.kr)에서 다운로드 받으실 수 있습니다.

교재 내용 문의
교재 및 강의 내용 문의는
EBS*i* 사이트(www.ebsi.co.kr)의 학습 Q&A 서비스를
활용하시기 바랍니다.

교재 정오표 공지
발행 이후 발견된 정오 사항을
EBS*i* 사이트 정오표 코너에서 알려 드립니다.
교재 → 교재 자료실 → 교재 정오표

교재 정정 신청
공지된 정오 내용 외에 발견된 정오 사항이 있다면
EBS*i* 사이트를 통해 알려 주세요.
교재 → 교재 정정 신청

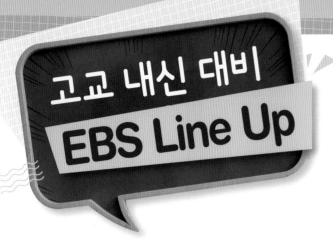

고교 내신 대비
EBS Line Up

고등학교 0학년 필수 교재
고등예비과정

국어, 영어, 수학, 한국사, 사회, 과학 6책

모든 교과서를 한 권으로,
교육과정 필수 내용을 빠르고 쉽게!

국어 · 영어 · 수학 내신 + 수능 기본서
올림포스

국어, 영어, 수학 16책

내신과 수능의 기초를 다지는 기본서
학교 수업과 보충 수업용 선택 No.1

국어 · 영어 · 수학 개념+기출 기본서
올림포스
전국연합학력평가
기출문제집

국어, 영어, 수학 10책

개념과 기출을 동시에 잡는 신개념 기본서
최신 학력평가 기출문제 완벽 분석

한국사 · 사회 · 과학 개념 학습 기본서
개념완성

한국사, 사회, 과학 19책

한 권으로 완성하는 한국사, 탐구영역의 개념
부가 자료와 수행평가 학습자료 제공

수준에 따라 선택하는 영어 특화 기본서
영어 POWER 시리즈

Grammar POWER 3책
Reading POWER 4책
Listening POWER 2책
Voca POWER 2책

원리로 익히는 국어 특화 기본서
국어 독해의 원리

현대시, 현대 소설, 고전 시가, 고전 산문,
독서 5책

국어 문법의 원리

수능 국어 문법, 수능 국어 문법 180제 2책

유형별 문항 연습부터 고난도 문항까지
올림포스 유형편

수학(상), 수학(하), 수학 Ⅰ, 수학 Ⅱ,
확률과 통계, 미적분 6책

올림포스 고난도

수학(상), 수학(하), 수학 Ⅰ, 수학 Ⅱ,
확률과 통계, 미적분 6책

최다 문항 수록 수학 특화 기본서
수학의 왕도

수학(상), 수학(하), 수학 Ⅰ, 수학 Ⅱ,
확률과 통계, 미적분 6책

개념의 시각화 + 세분화된 문항 수록
기초에서 고난도 문항까지 계단식 학습

단기간에 끝내는 내신
단기 특강

국어, 영어, 수학 8책

얇지만 확실하게, 빠르지만 강하게!
내신을 완성시키는 문항 연습

단숨에 켠다.

단기 특강

영어독해 유형편

Structure

단기에 마스터하는 유형별 영어독해

이 책은 수능 시험을 1, 2년 앞둔 예비 수험생 여러분이 영어독해 영역에서 반드시 알아 두어야 할 핵심 유형을 단기간에 정리할 수 있도록 설계된 최적의 입문서입니다. 수능 영어 시험에서 출제되는 모든 유형을 20개로 분류하고, 각 유형별로 3개 전후의 부담이 되지 않을 분량의 확인 문제를 총 56개 제공하여, 여러분이 불과 20일 만에 각 유형에 완전히 적응할 수 있도록 구성하였습니다. 따라서 이 책을 시작한지 한 달이 지나면, 여러분은 수능 영어 기출 문제를 풀어보거나 연계 교재를 공부할 때, 또는 내신 시험을 대비할 때 한층 더 자신 있게 임할 수 있게 될 것입니다.

체계적 문제 해결과 전략에 기반한 영어독해

이 책의 주된 특징은 수능 영어 독해 과제의 각 유형에 최적화된 해결 방법을 단계별로 제시하고, 여러분도 그러한 프레임 안에서 공부할 수 있도록 유도하고 있다는 것입니다. 각 유형 공부의 출발점을 기출 예제 분석으로 정한 다음, 문단 내의 모든 문장이 각각 어떤 역할을 하는지 분석법을 제시하고 있습니다. 이러한 독해 방식에 익숙해지고 나면, 세세한 어구나 표현에 얽매이지 않고 수능 영어 시험이 요구하는 글의 대의나 세부 사항을 훨씬 더 쉽고 정확하게 파악할 수 있게 될 것입니다.

지식이 아니라 생각을 묻는다!

수능 영어 시험은 특정 이슈에 대한 수험생의 단편적 지식이나 기억에 대해 묻지 않습니다. 모든 독해 문제 출제의 기본은 문단이고, 특히 문단의 대의 파악과 이를 지원하는 세부 내용의 구조적 이해 능력을 묻는 경우가 많습니다. 즉 수험생의 기초 영문 해독 능력을 바탕으로 한 사고력 측정 문제가 압도적입니다. 이것을 측정할 수 있는 가장 유력한 문항 유형이 바로 빈칸 완성입니다. 따라서 이 책은 여러분이 특히 이 유형의 문항을 여러 날에 걸쳐 집중적으로 연습할 수 있도록 구성되어 있습니다.

수능 영어독해의 어제와 내일

이 책은 최근 출제된 수능 시험, 모의평가, 학력평가 중 각 유형별로 최적의 문단에서 출제한 19개의 기출 문제를 소개하고 이를 분석합니다. 문단 내 각 문장의 역할을 밝히는 분석 과정을 살펴보면서 여러분은 문제 해결 방법을 익힐 수 있습니다. 이러한 문단 분석을 강조하는 이유는 수능 영어 시험 문제는 "감으로 푸는" 것이 아니라 튼튼한 논리적 사고와 분석을 통해서 풀어야 가장 안전하기 때문입니다. 즉 문단을 이루는 요지와 세부 사항을 구분할 수 있고, 각 세부 사항이 어떻게 요지를 지원하는 지 파악할 수 있으면 어떤 문제든 자신 있게 해결할 수 있게 됩니다. 수능 영어의 독해 시험은 바로 이런 관점에서 출제되고 있고, 이 책은 그 관점과 경향을 튼튼하게 반영하고 있습니다.

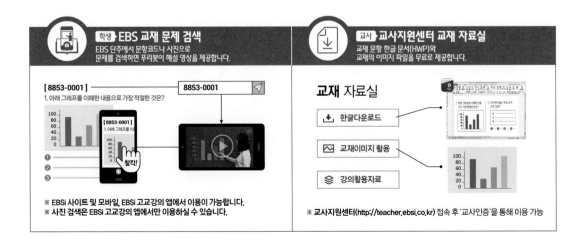

1
핵심 유형
• 각 유형별 총 20개의 기출 문제 소개
• 유형별 가장 전형적인 최신 문제 엄선

2
경향과 대책
• 문단 내 모든 문장의 역할 분석
• 4단계 문제 해결 방법 제시
• 각 유형별 출제 경향과 학습 전략 제공

3
확인 테스트
• 해당 유형에 최적화된 문항 제시
• 다양하고 흥미로운 소재의 글로 출제
• 문단 내부 구조가 튼튼한 글감으로 출제
• 분량, 문장 구조, 어휘 수준의 난이도 고려
• 학습 부담을 고려한 적정 분량 제공

4
정답과 해설
• 정확하고 유려한 지문 해석 제공
• 문단의 발전 구조에 입각한 해설 제공
• 자기주도 학습이 가능한 친절한 해설
• 도해를 통해 복잡한 구문의 분석법 제시
• 구문 위치를 빨리 찾을 수 있도록 행 표시

Contents

Part I	대의 파악	
Day 1	글의 목적	6
Day 2	글의 주장	10
Day 3	글의 주제	14
Day 4	글의 제목	18
Day 5	글의 요지	22

Part II	읽기 기본 능력	
Day 6	문맥 속의 어휘	26
Day 7	지시 관계 파악	30
Day 8	심경 · 분위기	34

Part III	세부 정보 파악	
Day 9	세부 정보의 세 가지 유형	38
Day 10	설명문	42
Day 11	도표와 안내문	44

Part IV	추론적 이해	
Day 12	빈칸 완성 _ 1단어	48
Day 13	빈칸 완성 _ 어구	52
Day 14	빈칸 완성 _ 절 / 문장	54

Part V	쓰기 기본 능력	
Day 15	무관한 문장 파악	56
Day 16	글의 순서	60
Day 17	문단 안에 문장 넣기	64
Day 18	요약문 완성	68

Part VI	통합적 이해	
Day 19	장문의 이해 _ 1지문 2문항	72
Day 20	장문의 이해 _ 1지문 3문항	76

Day 1 글의 목적

 출제 유형
- 필자가 글을 쓴 목적이나 의도를 정확하게 파악하기

기출 예제

○ 8853-0001

다음 글의 목적으로 가장 적절한 것은?　　　　　　　　　　　　[2017년 수능 18번]

❶Dear Ms. Diane Edwards,

❷I am a teacher working at East End High School. ❸I have read from your notice that the East End Seaport Museum is now offering a special program, the 2017 Bug Lighthouse Experience. ❹The program would be a great opportunity for our students to have fun and experience something new. ❺I estimate that 50 students and teachers from our school would like to participate in it. ❻Would you please let me know if it is possible to make a group reservation for the program for Saturday, November 18? ❼We don't want to miss this great opportunity. ❽I look forward to hearing from you soon.

❾Best regards,
❿Joseph Loach

① 단체 관람 시 유의 사항을 안내하려고
② 교내 행사에 초청할 강사 추천을 부탁하려고
③ 프로그램 단체 예약이 가능한지를 문의하려고
④ 새로운 체험 학습 프로그램을 소개하려고
⑤ 견학 예정 인원수의 변경을 요청하려고

Words & Expressions

notice 안내물, 게시물　　　　　　estimate 추산하다, 어림잡다　　　　　　participate in ~에 참여[참가]하다
reservation 예약

1 출제 경향

- 편지글, 광고문, 기고문 등 실생활과 관련된 글에서 주로 출제
- 초반보다는 중반 이후에 필자의 의도가 드러나는 글에서 흔히 출제
- 글의 세부 사항보다는 중심 생각의 이해 여부를 묻는 문제를 주로 출제

2 문제 해결

Step 1   글의 유형 파악

어구 ❶, ❾, ❿ 글의 유형 확인 ➡ 편지글(수신자와 발신자)

Step 2   글의 세부 내용 파악

문장 ❷   발신자 소개 ➡ 고등학교 교사

문장 ❸~❺   상황 설명 ➡ 박물관의 특별 프로그램에 대한 관심

문장 ❻~❼   용건(의도) ➡ 박물관 프로그램의 단체 예약

문장 ❽   맺음말 ➡ 답장을 고대함

Step 3   필자의 의도 파악

문장 ❻   편지를 쓴 목적 ➡ 단체 예약 가능 여부 문의

Step 4   정답 선택지 선택

선택지 ③   프로그램 단체 예약이 가능한지를 문의하려고
          ➡ 고등학교 교사가 박물관에서 실시하는 프로그램에 단체 예약이 가능한지
             문의하는 내용이므로 정답으로 선택

3 학습 전략

▶ 글의 종류와 유형을 파악한다.

▶ 글의 중심 소재가 무엇인지 파악한다.

▶ 글의 전개 과정에 나타난 필자의 용건(의도)을 파악한다.

▶ 글의 후반부에 제시된 정보를 통해 필자의 의도를 재확인한다.

▶ 글의 주제와 세부 내용을 종합하여 글의 목적을 파악한다.

1 다음 글의 목적으로 가장 적절한 것은? ○ 8853-0002

Dear Ms. Gibson,

I had the pleasure of hearing you play at a wedding I attended last winter. I am getting married this spring and hope that my fiancé and I can engage your services for our wedding. We are getting married on Saturday, May 20, and the ceremony and reception will be on the grounds of the Smalltown Art Museum. We would like to have you play for about an hour as guests arrive, and then again after the ceremony for about two hours while we have cocktails and dinner. Please let me know if you are available. If you are, my fiancé and I will arrange to meet with you to discuss your fee and the selection of music.

Sincerely,

Morgan Diamond

① 9월에 있을 결혼식에 초대하려고
② 결혼식 음악 선곡에 대해 논의하려고
③ 예식장 운영 방침의 개선을 요구하려고
④ 결혼식 피로연 장소 예약을 취소하려고
⑤ 결혼식을 위한 연주가 가능한지 문의하려고

2 다음 글의 목적으로 가장 적절한 것은? ○ 8853-0003

What do you do if — despite following all of the advice and instructions for safe computing — you suspect that your computer has been infected by a virus, worm, or other unwanted intruder? Stop what you're doing. Don't attempt to fix anything yourself. Don't send any messages. Pick up your telephone and call the IT Department help line at extension 4532. If it appears that your computer is busily sending out copies of the virus to others (that's the way many of these nasty pieces of electronic graffiti work), turn off your computer. Don't worry about shutting down your system in its standard, orderly process: Just turn it off or unplug it. We'll repair any problems to your operating system once your computer has been disconnected from the office network and properly disinfected.

*intruder 침입자, 난입자 **graffiti 낙서

① 컴퓨터 바이러스 감염 예방법을 안내하려고
② 컴퓨터 바이러스의 감염 과정을 설명하려고
③ 컴퓨터 바이러스 감염 시 대처 방법을 알리려고
④ 컴퓨터 바이러스 치료 전문가 과정을 소개하려고
⑤ 컴퓨터 바이러스 백신 프로그램의 구매를 요청하려고

3 다음 글의 목적으로 가장 적절한 것은?   ⊙ 8853-0004

> To whom it may concern:
>
>   I have known Mrs. Wasserman for more than half a century, and I can assure you that she is a reliable and trustworthy individual of the highest character and integrity. Currently she is operating a group home, and she has also excelled in previous positions as a seamstress and nurse's aide. Mrs. Wasserman has a gift for working with others. Especially with those who are discouraged, Mrs. Wasserman's cheerful and positive personality is uplifting and encouraging, and she has devoted much of her time to helping the less fortunate and the disadvantaged. Without any question, Mrs. Wasserman would be an asset to your organization, and I am certain that any group she becomes a part of will benefit greatly from her versatile professional abilities as well as from her sunny disposition and unselfish nature.
>
> Yours sincerely,
> Vince Hintz
> Retired Military Officer

*seamstress 재봉사   **versatile 다재다능한

① 유능한 인재를 추천하려고
② 자원봉사 활동에 감사하려고
③ 건강 관련 강연을 의뢰하려고
④ 복지 시설 확충을 건의하려고
⑤ 회사에 채용된 사실을 알리려고

Words & Expressions

1
fiancé 약혼자
arrange (일정 등을) 정하다

reception 피로연, 환영[축하] 연회

grounds (큰 건물 주위의) 구내[경내]

2
infect 감염시키다
nasty 고약한

worm 웜(자가 복제를 통해 컴퓨터 간에 전파되는 프로그램으로 바이러스의 일종)
disinfect (컴퓨터의) 바이러스를 제거하다

3
assure 보장하다
integrity 정직, 청렴
personality 성격
devote ~ to ... ~을 …에 바치다
asset 귀중한 사람, 자산
unselfish 이타적인

reliable 의지가 되는
currently 현재
uplifting 사기를 높이는
fortunate 운이 좋은
benefit 이익을 얻다

trustworthy 신뢰할 수 있는
nurse's aide 간호조무사
encouraging 용기를 북돋아 주는
disadvantaged 가난한, 혜택을 받지 못한
disposition 기질

Day 2 글의 주장

▪ 글의 소재와 중심 생각이 정확하게 반영된 우리말 문장 형태의 주장 고르기

기출 예제

○ 8853-0005

다음 글에서 필자가 주장하는 바로 가장 적절한 것은?　　　　　　　[2018년 3월 고1 학평 21번]

❶Many people think of what might happen in the future based on past failures and get trapped by them. ❷For example, if you have failed in a certain area before, when faced with the same situation, you anticipate what might happen in the future, and thus fear traps you in yesterday. ❸Do not base your decision on what yesterday was. ❹Your future is not your past and you have a better future. ❺You must decide to forget and let go of your past. ❻Your past experiences are the thief of today's dreams only when you allow them to control you.

*anticipate 예상하다

① 꿈을 이루기 위해 다양한 경험을 하라.
② 미래를 생각할 때 과거의 실패에 얽매이지 말라.
③ 장래의 성공을 위해 지금의 행복을 포기하지 말라.
④ 자신을 과신하지 말고 실현 가능한 목표부터 세우라.
⑤ 결정을 내릴 때 남의 의견에 지나치게 의존하지 말라.

Words & Expressions

based on ~에 근거하여
faced with ~에 직면한
decision 결정

failure 실패
situation 상황
let go of ~을 놓아주다

trap 가두다, 얽어매다
fear 두려움

1 출제 경향

- 학술적인 소재나 일상생활에서 겪는 일 등 다양한 소재의 글에서 출제
- 글의 중심 생각이 중반 이후에 드러나는 글에서 자주 출제
- 최근에는 주장이 글 전체에 함축되거나 시사된 글감에서도 출제
- 주관적이거나 당위성을 나타내는 표현이 나타나는 글에서 자주 출제

2 문제 해결

Step 1   글의 소재 파악

문장 ❶   글의 소재 소개 ➡ 과거 실패의 영향

Step 2   글의 중심 생각 파악

문장 ❷   예시 ➡ 과거 실패가 미친 영향에 대한 사례

문장 ❸~❹   반론 ➡ 과거에 근거하여 결정하지 말 것

문장 ❺   중심 생각(주제문) ➡ 과거를 놓아줄 것

문장 ❻   부연 설명 ➡ 과거의 경험이 현재의 꿈을 앗아감

Step 3   필자의 주장 파악

문장 ❺   필자의 핵심 의견 ➡ 과거의 실패에 얽매이지 말 것

Step 4   정답 선택지 선택

선택지 ②   미래를 생각할 때 과거의 실패에 얽매이지 말라.

➡ 과거의 실패에 얽매여 두려워하지 말고 미래를 위해 과거를 놓아주라는 내
용을 주장하는 글이므로 정답으로 선택

3 학습 전략

▶ 글의 종류와 유형을 파악한다.

▶ 글의 소재를 파악한다.

▶ 글의 전개 과정에 나타난 중심 생각을 파악한다.

▶ 글의 중심 생각을 바탕으로 한 필자의 주장을 파악한다.

▶ 글의 주제와 세부 내용을 종합하여 필자의 주장을 재확인한다.

1 다음 글에서 필자가 주장하는 바로 가장 적절한 것은? ○ 8853-0006

    Talking about the kinds of jobs that you and your kid see every day — the restaurant owner, the doctor, the teacher — exposes him to the range of choices out there, and not just what he sees on TV. It also makes clear that everybody around him works to earn money, and plants the idea that one day he will too. If you're a stay-at-home parent or are married to one, talk about the fact that this job involves many tasks, including doing laundry, cooking meals, and managing the logistics and budgets of kids' activities — but it does not draw a salary. My point: Work takes many forms. Your kid will get it.

*logistics 실행 계획, 세부 계획

① 직업을 결정할 때 전문가의 의견을 구하라.
② 아동 직업 교육에 관한 전문가를 양성하라.
③ 자녀가 스스로 자신의 직업을 선택하게 하라.
④ 자녀에게 다양한 실제 직업에 대해 이야기하라.
⑤ 설득하기 전에 자녀가 정말로 원하는 것을 먼저 파악하라.

2 다음 글에서 필자가 주장하는 바로 가장 적절한 것은? ○ 8853-0007

    Researchers often use words familiar to them based on their experience and knowledge of the subject matter, but respondents may not easily understand these terms. The core vocabulary used in a questionnaire should reflect everyday language. In international studies, if the researcher is not too familiar with the language, he or she may use words that are found in mass media such as newspapers. Related problems in questionnaire wording are that if some but not all respondents understand a word or phrase, it may lead to response errors. Technical terms such as "derivatives," "CAD" (computer-assisted design), "cognitive dissonance," or even "Caucasian" are unfamiliar to many respondents. In a study conducted in France, the word "Caucasian" was interpreted as people from the Caucasus, a region in Eurasia.

*derivative 파생상품　**cognitive dissonance 인지부조화

① 연구 목적에 맞는 조사 방법을 선정해야 한다.
② 정확한 근거를 토대로 설문지를 작성해야 한다.
③ 연구 보고서는 여러 번의 수정을 거쳐 작성해야 한다.
④ 연구를 시작하기 전에 분명한 목적을 먼저 세워야 한다.
⑤ 설문지는 응답자에게 익숙한 일상의 언어로 작성해야 한다.

3 다음 글에서 필자가 주장하는 바로 가장 적절한 것은?　　　　　　　　　　　○ 8853-0008

　　When in a game, if you are reliving past plays in your head or focusing on something that will not take place until way later in the game, then you will not be prepared for now. And, now is all we have. Your sole job when you play is to be prepared for the present moment. What if they pass the ball to me? What if the ball is hit to me? What if the goalkeeper comes out? That is the proper present moment thinking. Even if you are not in the game at the moment, there is a good chance that you will get in. Will you be prepared? Are you actively watching and focused on the game and learning how to do the best job when you are out there, or are you simply wasting time hoping to be called upon? Teams and players have tendencies and you can learn a great deal by watching them.

① 경기에 임할 때 현재의 매 순간에 대해 준비를 갖춰라.
② 자신이 늘 모든 경기에서 완벽할 수는 없음을 인정하라.
③ 장기적 성장을 위해서는 승패보다 연습 과정에 집중하라.
④ 경기에서 졌을 때는 변명하지 말고 패배의 원인을 찾아라.
⑤ 경기에 임하기 전에 항상 상대방에 대해 충분히 분석하라.

Words & Expressions

1	budget 예산	draw a salary 월급을 받다	
2	subject matter 주제 wording 용어, 말씨	respondent 응답자 Caucasian 백인	questionnaire 설문지 Caucasus 카프카스 산맥
3	relive (특히 상상 속에서) 다시 체험하다 proper 적절한 tendency 성향, 경향	way 한참, 훨씬 actively 적극적으로	sole 유일한, 단 하나의 call upon (출전을) 요청하다

Day 3 글의 주제

▪ 글의 소재와 중심 생각이 정확하게 반영된 명사구 형태의 선택지 고르기

기출 예제

○ 8853-0009

다음 글의 주제로 가장 적절한 것은?　　　　　　　　　　　　　　[2018년 6월 고1 학평 22번]

❶ Human beings are driven by a natural desire to form and maintain interpersonal relationships. ❷ From this perspective, people seek relationships with others to fill a fundamental need, and this need underlies many emotions, actions, and decisions throughout life. ❸ Probably, the need to belong is a product of human beings' evolutionary history as a social species. ❹ Human beings have long depended on the cooperation of others for the supply of food, protection from predators, and the acquisition of essential knowledge. ❺ Without the formation and maintenance of social bonds, early human beings probably would not have been able to cope with or adapt to their physical environments. ❻ Thus, seeking closeness and meaningful relationships has long been vital for human survival.

① emotion as an essential factor in evolution
② difficulties in cooperating with other people
③ ways to keep close relationships with others
④ need to build social bonds for human survival
⑤ impact of human evolution on the environment

Words & Expressions

drive (사람을 특정한 방식의 행동을 하도록) 만들다[몰아붙이다]　　　　　　　perspective 관점
underlie ～의 기초가 되다　　　　evolutionary 진화의, 진화론적인　　　predator 포식자
acquisition 습득　　　　bond 유대　　　　cope with ～에 대처하다
vital 필수적인

1 출제 경향

- 중심 생각이 글의 초반에 명백하게 드러나는 글에서는 잘 출제되지 않음
- 중심 생각이 글의 중반 이후에 드러나는 글에서 흔히 출제
- 중심 생각이 글 전체에 함축되어 있는 글에서도 자주 출제

2 문제 해결

Step 1 글의 소재 파악

문장 ❶   글의 소재 소개 ➡ 인간의 대인 관계 형성 욕구

Step 2 글의 중심 생각 파악

문장 ❷   글의 논점 제기 ➡ 관계 구축의 필요성
문장 ❸   글의 논점 발전 ➡ 인간 진화 역사의 산물
문장 ❹~❺   논점의 설명 ➡ 생존을 위한 협력

Step 3 글의 중심 생각 재확인

문장 ❻   결론 ➡ 생존을 위한 사회적 유대 형성

Step 4 정답 선택지 선택

선택지 ④   인간 생존을 위한 사회적 유대감 형성의 필요성
            ➡ 진화론적 관점에서, 인간이 생존을 위해 다른 사람과 협력을 유지해 왔다
              는 것이 글의 중심 생각이므로 정답으로 선택

3 학습 전략

▶ 글의 중심 소재를 파악한다.
▶ 글의 중심 생각을 파악한다.
▶ 글의 세부 사항이 중심 생각을 어떤 방식으로 뒷받침하고 있는지 확인한다.
▶ 글의 주제문과 결론 부분을 비교하여 중심 생각을 재확인한다.
▶ 글의 중심 생각을 명사구 형태로 요약한다.

1 다음 글의 주제로 가장 적절한 것은?　　　　　　　　　　　　○ 8853-0010

　　The full "price" of food includes the value of time spent acquiring, preparing, cooking, and cleaning up after meals. An economic perspective on time describes people as rational individuals who seek to maximize utility. The household is like a small firm that produces basic goods (meals, entertainment) through a combination of market goods and services (food ingredients), resources (cooking equipment and skills), and time (food preparation). As time becomes more precious, people naturally spend less time on food preparation. They tend to substitute calorie-dense fast food for more healthful home-cooked meals. The main point of the economic perspective is recognizing and valuing time as a resource and constraint in producing and consuming goods and services. With limited time, many consumers choose takeout or foods prepared outside the home.

① influence of time scarcity on food choice
② role of price in deciding whether to eat out
③ changes in food markets from the supplier's point of view
④ importance of an economic perspective on decision-making
⑤ increasing value of homemade meals for nutritional balance

2 다음 글의 주제로 가장 적절한 것은?　　　　　　　　　　　　○ 8853-0011

　　Those who don't know they *can't*, can. Those who don't know they *can*, can't. There are countless examples of athletes who achieved unbelievable feats because they had no preconceived limits in their minds. Jim Thorpe was too uneducated, too steeped in Indian lore, and far too naive to know that he should not be traveling to Europe to compete in the decathlon without ever having tried the event. That is unheard of in any sport. Most athletes would not even consider competing with world-class athletes who have been training for years. Thorpe had no preconceived limits to anything, which allowed him to achieve the impossible. He won the decathlon in the 1912 Olympics, outscoring his nearest rival by an incredible 700 points. The key to Thorpe's success was far more mental than physical.

*steeped 푹 빠진　**decathlon 10종 경기

① the importance of mental skills training in sports
② necessity of education to avoid reckless risk-taking
③ limits of mental power compared to physical ability
④ danger of attempting demanding sports without training
⑤ power of self-confidence in giving an excellent performance

3 다음 글의 주제로 가장 적절한 것은?   ◎ 8853-0012

　　Emotional eating behaviors can have roots in childhood. When a parent has issues with a child's eating or weight, that parent may set limits on eating or criticize the child's behavior. This often leads to the child's sneaking food and lying about eating. This problem can carry into adulthood, especially when weight continues to be an issue. Wanting to avoid criticism or even any discussion of weight, the now-adult child is likely to continue to lie or to get angry with or resent parents or other adults who disapprove. Past experience with a parent playing "food policeman" can set up an unhealthy psychological situation from which emotional eating often results. Many people in this situation talk of having an internal "rebel" that rejects any attempts to set limits on their eating, even self-imposed limits. The emotional connection between past humiliation and the need for more adaptive behavior in the present is the challenge to be met in such cases.

*sneak 몰래 챙기다　**rebel 반항아

① tools to stop children's emotional eating
② kinds of parental concerns about a child
③ parental impact on a child's emotional eating
④ parents' efforts to maintain ties with their child
⑤ reasons why parents want to control their child

Words & Expressions

1 perspective 관점 | rational 이성적인 | utility 유용성
household 가정 | substitute ~ for ... …를 ~로 대체하다 | constraint 제약

2 countless 셀 수 없이 많은 | feat 위업, 업적 | preconceived 사전에 형성된
Indian lore 미국 원주민 구전 설화 | outscore ~보다 많이 득점하다 | incredible 믿을 수 없는

3 criticize 비판하다 | resent 분개하다, 원망하다 | disapprove 못마땅해[탐탁찮아] 하다
psychological 심리적인 | internal 내부의 | reject 거부하다
self-imposed 자신이 부과한 | connection 연결 | humiliation 굴욕, 모욕
adaptive 적응력 있는 | meet the challenge 난국[시련]에 잘 대처하다

Day 4 글의 제목

기출 예제

○ 8853-0013

다음 글의 제목으로 가장 적절한 것은? [2018년 6월 고1 학평 23번]

❶Mammals tend to be less colorful than other animal groups, but zebras are strikingly dressed in black-and-white. ❷What purpose do such high contrast patterns serve? ❸The colors' roles aren't always obvious. ❹The question of what zebras can gain from having stripes has puzzled scientists for more than a century. ❺To try to solve this mystery, wildlife biologist Tim Caro spent more than a decade studying zebras in Tanzania. ❻He ruled out theory after theory — stripes don't keep them cool, stripes don't confuse predators — before finding an answer. ❼In 2013, he set up fly traps covered in zebra skin and, for comparison, others covered in antelope skin. ❽He saw that flies seemed to avoid landing on the stripes. ❾After more research, he concluded that stripes can literally save zebras from disease-carrying insects.

*antelope 영양(羚羊)

① Zebras' Stripes: Nature's Defense Against Flies
② Which Mammal Has the Most Colorful Skin?
③ What Animals Are Predators of Zebras?
④ Patterns: Not for Hiding, But for Showing Off
⑤ Each Zebra Is Born with Its Own Unique Stripes

Words & Expressions

mammal 포유류
obvious 명확한
rule out ~을 배제하다
predator 포식자

strikingly 두드러지게
stripe 줄무늬
theory 이론
fly trap 파리 덫

contrast 대비, 차이
puzzle 곤혹스럽게 하다
confuse 혼란스럽게 하다
literally 정말로, 말 그대로

1 출제 경향

- 중심 생각이 글의 초반에 명백하게 드러나는 글에서는 잘 출제되지 않음
- 중심 생각이 글의 중반 이후에 드러나는 글에서 흔히 출제
- 중심 생각이 글 전체에 함축되어 있는 글에서도 자주 출제

2 문제 해결

Step 1 글의 소재 파악

문장 ❶   글의 소재 소개 ➡ 얼룩말의 흑백 무늬

Step 2 글의 주제 파악

문장 ❷   글의 논점(주제) 제기 ➡ 흑백 무늬의 기능

문장 ❸~❹   실상 ➡ 기능 파악의 어려움

문장 ❺   해결의 단서 ➡ 야생동물학자 Tim Caro의 노력

문장 ❻~❽   Tim Caro의 연구 ➡ 기능 이해

Step 3 글의 요지 파악

문장 ❾   결론 ➡ 줄무늬는 곤충의 접근 방지 수단

Step 4 정답 선택지 선택

선택지 ①   얼룩말의 줄무늬: 파리에 대한 자연의 방어책

➡ 소재, 주제, 논지가 다소 비유적인 방식으로 제대로 표현되고 있으므로 정답으로 선택

3 학습 전략

▶ 글의 중심 소재를 파악한다.

▶ 글의 논점 혹은 주제를 파악한다.

▶ 글의 논점 혹은 주제에 대한 필자의 주된 관점을 파악한다.

▶ 글의 주제와 주된 관점을 결합하여 중심 생각을 파악한다.

▶ 글의 주제문과 세부 문장을 포함한 문단의 발전 구조를 확인한다.

1 다음 글의 제목으로 가장 적절한 것은? ○ 8853-0014

A three-year-old child, the youngest of nine in his family, was hospitalized with a very serious illness. It was not clear that he would survive. At home, each child in the family had specific responsibilities, and this little boy's chore had been to keep the stairs clear of mess. Visiting her son in the hospital, the mom shared with him that without him at home, the stairs were becoming almost impassable. This conversation perceptibly changed his attitude; he became determined to get better, telling the nurses that he had an important job to do. When a person, even a young child, feels needed, they can feel a sense of renewed energy and focus, moved by the meaningful purpose to serve others. It is not unreasonable to say that people who are *needed by people* are the luckiest people in the world.

① Mother's Love: Tears Turned to Diamonds
② Conversation: What Makes a Healthy Family
③ Managing the Stress of Family Responsibilities
④ A Sense of Being Needed Makes You Stronger
⑤ Free Yourself from Clutter, Organize Your Life

2 다음 글의 제목으로 가장 적절한 것은? ○ 8853-0015

It is often very easy to listen destructively. You can even make fun of the occasion. You can criticize the speaker's dress, pronunciation, home town, or organisation. All of us agree that the speaker's failure to use effectively the principles of speech communication is to be deplored. But it is still wise to peer behind the external factors and evaluate what the speaker is saying. As a constructive listener, keep an open mind about the speaker's ideas regardless of what that individual's personal commitments or prejudices are. Instead of closing your mind to the speaker or focusing on areas of disagreement, look for points of agreement and emphasize them. In this way, you do not permit a closed mind to prevent broadening your knowledge of the topic at hand.

*deplore 개탄하다

① Giving and Taking Instructions Effectively
② Freedom of Speech: Words Are Not Deeds
③ Knowing When to Speak and When Not To
④ The Art of Talking So That People Will Listen
⑤ Listen with an Open Mind To Broaden Knowledge

3 다음 글의 제목으로 가장 적절한 것은?　　　　　　　　　　　　🔊 8853-0016

　　Geniuses don't wait around for information to fall on their laps. They also don't rely on one source to tell them everything. For example, they will not just listen to one news station and wait for the information to come to them through that one channel. A genius will pursue all kinds of ways of finding knowledge. They will ask questions and do research to find answers. When they find a direct answer to the question given by an expert, they will not necessarily believe the response without further evidence. They will seek more and more information to see if they truly understand what they think they understand. The knowledge that you seek out and work to find and learn is the most useful and helpful of all. If it comes to you in a pamphlet or through a media station and finds you, then you are more likely to take it in passively and not make much use of it. Also of course, information that finds you is more likely to be biased.

① What Makes Information More Valuable?
② How Can You Raise Your Kid as a Genius?
③ The Best Knowledge Is Acquired on Your Own
④ Geniuses Are Those Who Create New Knowledge
⑤ Questions and Answers: A Researcher's Basic Tools

Words & Expressions

1
hospitalize 입원시키다
chore 집안일, 허드렛일
impassable 지나갈 수 없는
meaningful 유의미한
unreasonable 이치에 맞지 않는

specific 특정한
stair 계단
perceptibly 눈에 띄게, 인식할 수 있게
purpose 목표
clutter 잡동사니

responsibility 책임
mess 지저분한 것
determined 결심한
serve ~을 위해 일하다

2
destructively 파괴적으로
criticize 비판하다
peer 자세히 보다
constructive 건설적인
prejudice 선입견
permit 용인하다

make fun of ~을 비웃다
pronunciation 발음
external 외적인
regardless of ~과 상관없이
disagreement 불일치
broaden 넓히다

occasion 행사
organisation 조직
evaluate 평가하다
commitment 약속
emphasize 강조하다
at hand 당면한, 가까운

3
seek out (많은 노력을 기울여) ~을 찾아내다
make use of ~을 활용하다

be likely to *do* ~할 가능성이 있다
biased 편향된

passively 수동적으로

Day 5 글의 요지

출제
유형
- 글에서 전달하고자 하는 사실적인 중심 생각 고르기
- 선택지는 한글로 된 하나의 문장으로 제시

기출 예제

○ 8853-0017

다음 글의 요지로 가장 적절한 것은?

[2018년 6월 고1 학평 21번]

❶Too many companies advertise their new products as if their competitors did not exist. ❷They advertise their products in a vacuum and are disappointed when their messages fail to get through. ❸Introducing a new product category is difficult, especially if the new category is not contrasted against the old one. ❹Consumers do not usually pay attention to what's new and different unless it's related to the old. ❺That's why if you have a truly new product, it's often better to say what the product is not, rather than what it is. ❻For example, the first automobile was called a "horseless" carriage, a name which allowed the public to understand the concept against the existing mode of transportation.

① 과도한 광고 경쟁이 제품의 가격을 상승시킨다.
② 기존 제품과의 대비가 신제품 광고에 효과적이다.
③ 신제품 개발을 위해 정확한 수요 예측이 필요하다.
④ 수익 향상을 위해 새로운 고객 관리 방식이 요구된다.
⑤ 제품에 대한 올바른 정보 제공이 소비자의 신뢰를 높인다.

Words & Expressions

advertise 광고하다
category 범주
carriage 마차

in a vacuum 외부와 단절된 상태에서
contrast 대비하다, 대조하다
concept 개념

disappointed 실망한
automobile 자동차
transportation 수송

1 출제 경향

- 심리, 환경, 처세술 등 다양한 소재와 주제의 글에서 출제
- 글의 중심 생각이 주로 중반 이후에 드러나는 글이 자주 출제
- 요지가 직접적으로 드러나지 않고 함축되어 있는 글에서도 출제

2 문제 해결

Step 1   글의 소재 파악

문장 ❶~❷   글의 소재 소개 ➡ 신제품 광고

Step 2   글의 주제 파악

문장 ❷   논점 제기 ➡ 새로운 제품 범주 도입의 어려움
문장 ❸~❹   논점 발전(주제) ➡ 예전의 것과 대비될 필요성
문장 ❺   해결의 단서 ➡ 새로운 제품을 말하는 방법
문장 ❻   예시 ➡ 초기 자동차의 명칭

Step 3   글의 요지 파악

문장 ❸   요지 ➡ 기존 제품과의 대비가 효과적

Step 4   정답 선택지 선택

선택지 ②   기존 제품과의 대비가 신제품 광고에 효과적이다.
           ➡ 필자의 주된 관점이 분명하게 제시되어 있으므로 정답으로 선택

3 학습 전략

▶ 글의 중심 소재를 파악한다.
▶ 글의 논점 혹은 주제를 파악한다.
▶ 글의 논리 전개를 파악하면서 필자가 전하고자 하는 핵심 내용을 이해한다.
▶ 글의 중심 생각 혹은 필자의 핵심 의견을 가장 잘 표현한 선택지를 고른다.

1 다음 글의 요지로 가장 적절한 것은?　　　　　　　　　　　　　　　　　◎ 8853-0018

　　As you acquire more education and gain more career experience, you will find that your desires will change. So, just go with the flow. As long as you are happy with what you are doing, you are doing just fine. Hence, when you have self-actualized in a certain job or career field and you feel it is time to get on a new learning curve, then, go for it! That's what I've done throughout my career. I tried many things... some I liked and some I didn't like so much. However, I had fun all along the journey. The journey isn't over yet. I have 37 more years to go before I reach 100.

① 새로운 자기실현 시도는 언제나 바람직하다.
② 지금 하고 있는 일에 항상 최선을 다해야 한다.
③ 실패를 두려워하지 않는 태도는 성공에 필수적이다.
④ 좋아하지 않는 일이라도 즐거운 마음으로 임해야 한다.
⑤ 자기실현을 위해서 사소한 욕망은 절제하는 것이 좋다.

2 다음 글의 요지로 가장 적절한 것은?　　　　　　　　　　　　　　　　　◎ 8853-0019

　　Many people list financial or organizational success as goals. Some list promotion or higher positions in their companies as goals. I want you to think about how much control you have over those things. Consider, for example, the goal of being hired or promoted to a particular position. You don't have control over the other people who are applying for the job, but you do have control over your own education and preparation for the position. You have control over your preparation for the interview. You can choose to improve your interpersonal relationships. You have control over what you wear and your general appearance. All of these things may have an effect on the choice the decision makers come to regarding who will receive the job or promotion, or their choice may simply boil down to selecting the candidate who they believe shares their values.

① 목표의 달성 과정을 날마다 기록하면서 확인하면 도움이 된다.
② 기간별로 나누어 실천하면 목표를 효율적으로 달성할 수 있다.
③ 성공을 위해서 자신만의 꿈과 목표를 찾으려는 노력이 필요하다.
④ 지나치게 추상적인 목표를 세우면 달성하지 못할 가능성이 크다.
⑤ 목표를 달성하려면 자신이 통제 가능한 일을 준비하는 것이 좋다.

3 다음 글의 요지로 가장 적절한 것은? ◐ 8853-0020

There's no question that difficult people are a pain to be around — especially coworkers whom you see day after day after day. They create hostility, uneasiness, and problems. Half the time, they *are* the problem. And you may not like them. But in the end, all that matters is how they affect your work and your unit's work. So when confronting these people, conjure a vision of how the perfect situation would look. That vision could be small scale, like that guy who's always interrupting meetings. Your vision: to sit through meetings from beginning to end without interruptions. Or the vision could be large scale: for your unit to meet all of its financial goals, get great bonuses and extra paid time off, and have a friendly, energetic work environment... then, when you're communicating with the difficult person, connect his or her behavior to that vision. This will turn a complaint into a serious work issue.

*hostility 적대감   **conjure 마음속에서 그려내다

① 업무 성과를 높이기 위해서는 완벽한 비전이 필요하다.
② 다루기 힘든 사람이 가진 장점을 다양한 방식으로 활용할 수 있다.
③ 동료와 일하는 과정에서 생기는 문제를 심각하게 받아들일 필요는 없다.
④ 회의를 반복적으로 방해하는 사람들은 팀원으로 받아들이지 않는 것이 좋다.
⑤ 다루기 힘든 사람과 함께 일을 할 때는 바람직한 비전을 세워서 접근하는 방법이 있다.

Words & Expressions

1	acquire 얻다, 습득하다 self-actualize 자기실현을 하다, 자신의 잠재력을 실현하다	go with the flow (자연스러운) 흐름에 맡기다	learning curve 학습 곡선
2	financial 재정적인 apply for ~에 지원하다 boil down to 결국 ~이 되다, 핵심[본질]은 ~이다	organizational 조직의 interpersonal 사람 간의	promotion 승진 candidate 지원자
3	uneasiness 불안, 근심, 걱정 interrupt 방해하다 complaint 불평	half the time 대개, 자주 financial 재정적인	in the end 결국 time off 휴가

Day 6 문맥 속의 어휘

 출제유형
- 밑줄 친 5개의 선택지 중 문맥에 맞지 않은 단어를 찾아내기
- 세 개의 네모 안에 쌍으로 제시된 단어 중 각각 문맥에 맞는 것을 고르기

기출 예제 ○ 8853-0021

(A), (B), (C)의 각 네모 안에서 문맥에 맞는 낱말로 가장 적절한 것은? [2018년 6월 고1 학평 29번]

❶People have higher expectations as their lives get better. ❷However, the higher the expectations, the more difficult it is to be satisfied. ❸We can increase the satisfaction we feel in our lives by (A) controlling / raising our expectations. ❹Adequate expectations leave room for many experiences to be pleasant surprises. ❺The challenge is to find a way to have proper expectations. ❻One way to do this is by keeping wonderful experiences (B) frequent / rare . ❼No matter what you can afford, save great wine for special occasions. ❽Make an elegantly styled silk blouse a special treat. ❾This may seem like an act of denying your desires, but I don't think it is. ❿On the contrary, it's a way to make sure that you can continue to experience (C) familiarity / pleasure . ⓫What's the point of great wines and great blouses if they don't make you feel great?

	(A)	(B)	(C)
①	controlling	frequent	pleasure
②	controlling	rare	familiarity
③	controlling	rare	pleasure
④	raising	frequent	familiarity
⑤	raising	rare	pleasure

Words & Expressions

expectation 기대감   adequate 적절한   treat 큰 기쁨; 만족[즐거움]을 주는 것
deny 억제하다, 부정하다

① 출제 경향

- 중심 생각을 나타내는 주제문이 문단 초반에 명확하게 제시된 글에서 주로 출제
- 중심 생각이 문단 전체에 함축된 글에서도 출제
- 중심 생각을 뒷받침하는 주요 세부 사항의 일관성 여부를 확인하는 문제가 출제
- 논증을 하는 글이나 설명문에서 자주 출제

② 문제 해결

Step 1 글의 소재 파악

| 문장 ❶ | 글의 소재 소개 ➡ 기대감 |

Step 2 글의 중심 생각 파악

문장 ❷	문제 제기 ➡ 기대가 클수록 만족하기 어려움
문장 ❸	중심 생각(주제문) ➡ 기대감의 통제로 만족감 향상
문장 ❹~❺	설명 ➡ 주제문에 대한 부연 설명
문장 ❻~❽	논거 소개 ➡ 훌륭한 와인과 품위 있는 블라우스
문장 ❾~⓫	논거 설명 ➡ 즐거움을 계속해서 경험하는 방법임

Step 3 네모의 전후 문맥 파악

문장 ❸	통제함 ➡ 적절한 기대감이 만족감을 향상
문장 ❻~❼	드문 상태 ➡ 특별한 경우를 위해 남겨 둠
문장 ❿	즐거움 ➡ 욕구 억제가 아닌 즐거움을 지속하는 방법

Step 4 정답 선택지 선택

| 선택지 ③ | controlling, rare, pleasure |
| | ➡ 멋진 경험을 드문 상태로 만들어 기대감을 통제할 때 즐거움을 지속할 수 있다는 글의 요지를 각 어휘가 표현하고 있으므로 정답으로 선택 |

③ 학습 전략

▶ 글의 소재를 파악한다.
▶ 글의 주제문을 찾아 중심 생각을 파악한다.
▶ 글의 중심 생각을 뒷받침하는 논거(예, 이유, 근거 등)를 확인한다.
▶ 문장 앞뒤의 내용에서 답의 근거가 되는 부분을 찾는다.
▶ 글의 흐름이 논리적이고 자연스럽게 하는 어휘를 선택한다.

1 다음 글의 밑줄 친 부분 중, 문맥상 낱말의 쓰임이 적절하지 <u>않은</u> 것은? ● 8853-0022

　　In the modern developed world, we have moved beyond the need to worry about basic survival. Food can be taken for granted, as can a minimum level of income. We expect society to provide a roof over our head. We no longer need our ancient ① survival instinct. Even so, it ② remains with us. If a resource we have is threatened, we will fight to keep it. Now that we do not have to worry about food, we have translated the concept of ③ luxury to other aspects of modern life: a house, a car and an annual foreign holiday. If these come under threat, our hardwired instinct is to ④ protect them. These aspects of our lifestyle are not vital to survival, and we will not kill other people to defend them, but our ⑤ subconscious is urging us to protect what we have.

2 (A), (B), (C)의 각 네모 안에서 문맥에 맞는 낱말로 가장 적절한 것은? ● 8853-0023

　　The first general trait of the subconscious is best told in a metaphor. In the period from birth till you are about seven years old, an endless tape is filled with the information you gather. The information, however, is not (A) neutral / subjective . It is registered in terms of good or bad, nice or terrible, positive or negative. When the experience is emotional, the information will be registered as more important. After about seven years, the initial self-image is (B) formed / gone . That initial self-image is the base from which all your actions will be started and directed, and your actions define your results. So it will be very useful to know your self-image. If you want to be able to manage yourself and define your results, you will have to understand your (C) transformed / subconscious self-image.

	(A)	(B)	(C)
①	neutral	formed	transformed
②	neutral	gone	subconscious
③	neutral	formed	subconscious
④	subjective	gone	transformed
⑤	subjective	formed	subconscious

3 다음 글의 밑줄 친 부분 중, 문맥상 낱말의 쓰임이 적절하지 <u>않은</u> 것은?   ◎ 8853-0024

　　At issue is the willingness of speakers and listeners who routinely ① <u>misread</u> one another to detect and repair signs of verbal or nonverbal discord. Where there is no evidence that miscomprehension or misunderstanding has occurred, as when a listener fails to hear something clearly stated, such small-scale failures may go ② <u>unnoticed</u>. On a larger scale, complex linguistic failures among adult speakers are linked to strategic exploitation, deceit, unexpressive reactions, and persistent ③ <u>inability</u> to grasp literal or intended meanings. Unless linguistic ambiguities work to disturb the flow or pace of conversation, personal difficulties in complex discourse comprehension may be ignored and may thereby generate greater levels of mutual ④ <u>understanding</u> than what one actually discovers. To make confused matters worse, an uneven balance of badly mismatched or conflicting interpretations may be rationalized, denied, or disguised to ⑤ <u>preserve</u> the appearance of mutual understanding.

*discord 불일치　**deceit 속임수

Words & Expressions

1
modern 현대의	take ~ for granted ~을 당연시하다	minimum 최저의
income 소득, 수입	instinct 본능	threaten 위협하다
translate 바꾸다	concept 개념	luxury 사치품
aspect 측면	annual 해마다의	hardwired 타고난
vital 아주 중요한	defend 지키다	urge 다그치다

2
trait 특징	subconscious 잠재의식(의)	metaphor 비유
register 인식하다, 기억하다		

3
misread 오해하다	miscomprehension 오해	state 진술하다
exploitation 이용	literal 문자 그대로의	ambiguity 모호함
discourse 담화	generate 만들어 내다	rationalize 합리화하다
disguise 숨기다		

출제
유형 ▪ 밑줄 친 5개의 선택지 중 가리키는 대상이 다른 하나를 고르기

기출 예제   ◯ 8853-0025

밑줄 친 부분이 가리키는 대상이 나머지 넷과 다른 것은?   [2018년 3월 고2 학평 30번]

❶Jack stopped the cycle of perfectionism that ① his son Mark was developing. ❷Mark could not stand to lose at games by the time he was eight years old. ❸Jack was contributing to Mark's attitude by always letting him win at chess because ② he didn't like to see Mark get upset and cry. ❹One day, Jack realized it was more important to allow Mark some experience with losing, so ③ he started winning at least half the games. ❺Mark was upset at first, but soon began to win and lose with more grace. ❻Jack felt a milestone had been reached one day when ④ he was playing catch with Mark and threw a bad ball. ❼Instead of getting upset about missing the ball, Mark was able to use ⑤ his sense of humor and commented, "Nice throw, Dad. Lousy catch, Mark."

* milestone 중대한 시점

Words & Expressions

perfectionism 완벽주의
attitude 태도
comment 말하다

develop 갖기 시작하다
at least 최소한
lousy 엉망인, 서투른

contribute to ~에 일조하다, ~의 한 원인이 되다
with grace 선선히, 기꺼이

1 출제 경향

- 주로 이야기, 전기, 일화와 같은 쉽고 재미있는 글에서 출제
- 밑줄 친 부분은 주로 인칭대명사이지만 이름이나 명사구도 후보가 될 수 있음

2 문제 해결

Step 1 도입부에 등장하는 두 대상 간의 관계 파악

문장 ❶   두 명의 등장인물 Jack과 그의 아들 Mark ➡ Jack은 아버지, Mark는 Jack의 아들

Step 2 문맥의 흐름상 밑줄 친 부분이 지칭하는 대상 파악

선택지 ①   <u>his son Mark</u> ➡ Jack's son Mark (문장 ❶)
선택지 ②   <u>he</u> ➡ Jack (문장 ❸)
선택지 ③   <u>he</u> ➡ Jack (문장 ❹)
선택지 ④   <u>he</u> ➡ Jack (문장 ❻)
선택지 ⑤   <u>his sense of humor</u> ➡ Mark's sense of humor (문장 ❼)

Step 3 정답 선택지 선택

선택지 ⑤   ①, ②, ③, ④는 Jack을 가리키고 ⑤는 Mark를 가리키므로 정답으로 선택

3 학습 전략

▶ 글의 도입부에 제시된 두 인물 간의 관계를 정확하게 파악한다.
▶ 두 인물이 포함되어 일어나는 사건이나 일의 진행을 정확하게 파악한다.
▶ 밑줄 친 항목이 지칭하는 대상을 문맥의 흐름 속에서 각각 확인한다.
▶ 평소 읽는 지문에서 대명사를 만나면 각각의 지시 관계를 확인하는 연습을 한다.

1 밑줄 친 부분이 가리키는 대상이 나머지 넷과 다른 것은?　　　　　　　　　　　○ 8853-0026

Once while George Washington was on his tour inspecting the army as the commander-in-chief, he came to a site where a building was under construction. Some six soldiers were lifting a huge iron beam struggling hard as it was too heavy for them to lift. The captain of these soldiers who was supervising was shouting at them to lift it. But, ①he never went to help them. George Washington was surprised and annoyed at the behaviour of the captain. He went to ②him and asked: "Why don't you give them a helping hand?" The captain was not aware that it was ③his commander-in-chief talking to him. ④He replied: "It is their business to do the job. Not mine." George Washington helped the soldiers and got the beam lifted. ⑤He then said to the captain: "Whenever you require my help, send for me. I, as your commander-in-chief, consider it my duty to help my men when needed!" So saying, he got on to his horse and galloped away!

2 밑줄 친 부분이 가리키는 대상이 나머지 넷과 다른 것은?　　　　　　　　　　　○ 8853-0027

A farmer needed to work his field, but his plough was broken. He decided to ask his neighbor, Murphy, who lived four fields away, knowing that Murphy finished ①his work early on. The farmer started to walk to his neighbor. After the first field he thought, "I hope Murphy has finished his work, otherwise ②he can't help me out." As his concern grew, the farmer thought, "Perhaps Murphy's plough is old and almost broken. Then ③he will not loan it to me." After another field, "Murphy has always been a hard one. He might just not want to help me out." Upon arriving at Murphy's farm, the farmer's mind was so clouded that ④he thought, "That Murphy was always a mean one. ⑤He won't help me just out of spite." He knocked on Murphy's door and yelled angrily, "Murphy, just keep your stupid plough!"

*plough 쟁기　**out of spite 악의에서

3 밑줄 친 she[her]가 가리키는 대상이 나머지 넷과 <u>다른</u> 것은?　　　　　　　　○ 8853-0028

　　Rosemary noticed a young homeless woman on the street, trembling with cold, and begging for money to buy a hot cup of tea. A kind person, Rosemary bought the young homeless woman tea and food and even took ① <u>her</u> shopping — until the young homeless woman tried to shoplift meat. Rosemary then took the young homeless woman home so ② <u>she</u> could sleep in a bed. While the young homeless woman was sleeping, Rosemary tried to find a shelter that would take ③ <u>her</u> — but Rosemary had no luck due to a lack of adequate social services. Eventually, Rosemary had to leave, so she worked very hard to wake ④ <u>her</u> up. Rosemary begged, "Wake up, wake up. Please wake up. Why won't you wake up?" Finally awake, the young woman replied, "Because it's a bed." Later, Rosemary discovered that the young homeless woman had stolen ⑤ <u>her</u> new camera. Would Rosemary take another person like the young homeless woman home again? The answer is yes. Why? She says that someone has to.

*shoplift 가게 물건을 훔치다

Words & Expressions

1	inspect 시찰하다 struggle 애쓰다 send for ~을 부르러 사람을 보내다	commander-in-chief 총사령관 supervise 관리[감독]하다 gallop (말을 타고) 전속력으로 달리다	iron beam 철강 빔 give a hand 거들어 주다
2	early on 일찍이, 일찌감치 clouded (머리, 판단력이) 흐려진	help out 도와주다 mean 인색한, 심술 많은	concern 걱정 yell 소리치다, 외치다
3	tremble 떨다	beg 구걸하다, 간청하다	shelter (노숙자 등을 위한) 쉼터

Day 8 심경·분위기

- 등장인물의 심경이나 심경의 변화 또는 글의 분위기 고르기
- 심경이나 분위기를 나타내는 어휘로 선택지가 구성됨

기출 예제

○ 8853-0029

다음 글에 드러난 'I'의 심경 변화로 가장 적절한 것은?   [2017년 수능 19번]

❶The start of the boat tour was far from what I had expected. ❷None of the wildlife I saw was exotic. ❸I could only see dull gray rocks. ❹It was also so hot and humid that I could not enjoy the tour fully. ❺However, as the boat slid into the Bay Park Canal, all of a sudden my mother shouted, "Look at the mangroves!" ❻A whole new world came into sight. ❼The mangrove forest alongside the canal thrilled me as we entered its cool shade. ❽I was fascinated by the beautiful leaves and flowers of the mangroves. ❾But best of all, I was charmed by the native birds, monkeys, and lizards moving among the branches. ❿"What a wonderful adventure!" I exclaimed.

*mangrove 맹그로브(강가나 늪지에서 자라는 열대 나무)

① ashamed → relaxed
② disappointed → excited
③ delighted → confused
④ pleased → lonely
⑤ scared → relieved

Words & Expressions

wildlife 야생 생물, 야생 동물
humid 습도가 높은
lizard 도마뱀

exotic 이국적인
canal 운하, 수로
exclaim 외치다

dull 칙칙한
alongside ~을 따라

1 출제 경향

- 최근에는 심경과 함께 심경의 변화를 묻는 문제도 자주 출제
- 주로 이야기, 전기, 기행문, 일화와 같은 쉬운 글에서 출제
- 주로 어떤 사건을 중심으로 감정의 변화가 뚜렷한 지문이 자주 출제

2 문제 해결

Step 1 **장소나 상황 파악**

문장 ❶ 　　상황 제시 ➡ 보트 여행 중임

Step 2 **상황의 변화 파악**

문장 ❶~❹ 　부정적 상황 ➡ 기대와 다른 보트 여행

문장 ❺ 　　　반전 ➡ However로 상황 반전

문장 ❻~❿ 　긍정적 상황 ➡ 맹그로브 숲의 아름다움

Step 3 **등장인물의 심경 변화 파악**

문장 ❶~❹ 　기대와는 다른 여행으로 인한 실망감

문장 ❻~❿ 　맹그로브 숲의 아름다운 광경에 매혹됨

Step 4 **정답 선택지 선택**

선택지 ② 　　실망한 → 흥분한

➡ 글의 전반부에 드러난 실망감과 글의 후반부에 드러난 흥분감을 가장 잘
드러낸 선택지임

3 학습 전략

▶ 사건이 벌어지는 장소나 상황 등을 파악한다.

▶ 발생한 사건 및 사건의 흐름을 구체적으로 파악한다.

▶ 인물의 감정이 잘 드러난 부분을 파악한다.

▶ 감정의 급격한 변화가 있는 부분을 파악한다.

1 다음 글에 드러난 'the boy'의 심경 변화로 가장 적절한 것은? ○ 8853-0030

  "All I want is a pony," the boy said to his father one year as Christmas approached. "If I can't have a pony, give me nothing." Christmas morning came, his stocking was empty, there were no presents of any kind for him, and there was no pony. He sobbed and ached all over with the strongest feeling of injustice he had ever felt, was rude and angry with his sisters. The parents quarreled. Later that morning the pony did arrive. What the boy saw through his tears was marvelous. The pony had a black mane and one white foot and a white star on its forehead, and on its back was a brand-new saddle, all carved and decorated with silver and fringe. Suddenly, the boy had everything he wanted, and that Christmas was the most beautiful in his life.

*mane 갈기 **fringe 술 장식

① angry → jealous
② ashamed → relaxed
③ excited → confused
④ frightened → relieved
⑤ disappointed → delighted

2 다음 글의 상황에 나타난 분위기로 가장 적절한 것은? ○ 8853-0031

  Marcus felt his heart racing in his chest. His mind couldn't even venture a guess as to what might be making that sound. But he was certain that something was approaching, and it was something big. With each step the ground trembled and rock dislodged from the wall and fell to the ground. With each step the chanting became louder and he could hear it beginning to invade his thoughts again. His fear began to override the pain his body was feeling. The thought of what might be coming was something his mind could not bear. His eyes raced around the darkened cave with his body pressed against the wall. He could tell whatever was coming would enter from that entryway. His eyes widened with each step. His heart felt as though it would come out of his chest and flee. Marcus wanted to scream but nothing would come out.

*dislodge 떨어져 나오다

① festive and lively
② moving and romantic
③ frightening and urgent
④ mysterious and fantastic
⑤ monotonous and melancholy

3 다음 글에 드러난 Susan Raggio의 심경으로 가장 적절한 것은?　　　　　◯ 8853-0032

　　By the time Susan Raggio reached Glendale the streets were closed off, so she took back roads and detours, and drove up Chevy Chase right through a barrier where she explained to the fireman, "My children are up there!" Then she saw houses burning all along the ridge. There were fire department engines and trucks on her street pumping water through a dozen lines, and she just drove over those charged lines and parked, and ran to the house that stood in front of hers. A fireman was hosing down the neighbor's house and she couldn't see her house at all through the wall of black smoke, but she sensed that her house was gone. She asked the fireman if he had seen two little girls and three babies, and the harried firefighter looked at her desperate face, left his hose line, made a call on his radio, but then shook his head.

*detour 우회로　**harried 어찌할 바를 모르는

① calm and relieved
② guilty and apologetic
③ bored and indifferent
④ worried and hopeless
⑤ ashamed and embarrassed

Words & Expressions

1	pony 조랑말	sob 흐느끼며 울다	ache 마음이 아프다, 괴로워하다
	all over 온통	injustice 부당함	rude 무례한
	quarrel 다투다	marvelous 아주 훌륭한, 멋진	forehead 이마
	saddle 안장	carve 새기다, 조각하다	decorate 장식하다
2	chest 가슴	venture 감히 ~하다	approach 다가오다
	tremble 진동하다	chant 일제히 외치다	invade 엄습하다
	override 압도하다	bear 견디다	entryway 입구
	flee 달아나다		
3	barrier 장벽	ridge (지붕의) 용마루	line 호스 선
	charge 가득 차게 하다	hose down ~을 호스로 씻어 내리다	desperate 절망적인

Day 9 세부 정보의 세 가지 유형

출제 유형 1 ▪ 전기문이나 설명문 등의 세부 내용을 파악하여 일치하는 선택지 고르기

기출 예제

○ 8853-0033

Tomas Luis de Victoria에 관한 다음 글의 내용과 일치하지 <u>않는</u> 것은? [2018년 6월 고1 학평 25번]

❶Tomas Luis de Victoria, the greatest Spanish composer of the sixteenth century, was born in Avila and as a boy sang in the church choir. ❷When his voice broke, he went to Rome to study and he remained in that city for about 20 years, holding appointments at various churches and religious institutions. ❸In Rome, he met Palestrina, a famous Italian composer, and may even have been his pupil. ❹In the 1580s, after becoming a priest, he returned to Spain and spent the rest of his life peacefully in Madrid as a composer and organist to members of the royal household. ❺He died in 1611, but his tomb has yet to be identified.

① 소년 시절 교회 합창단에서 노래했다.
② 로마에서 약 20년 동안 머물렀다.
③ 이탈리아 작곡가인 Palestrina를 만났다.
④ 스페인으로 돌아온 후 사제가 되었다.
⑤ 무덤은 아직 확인되지 않았다.

 문제 해결

Step 1 글의 소재 파악

문장 ❶   글의 소재 소개 ➡ Tomas Luis de Victoria의 삶

Step 2 선택지와의 일치 여부 판단

선택지 ①   소년 시절 교회 합창단 ➡ ❶과 일치
선택지 ②   약 20년 동안 로마에 머무름 ➡ ❷와 일치
선택지 ③   작곡가 Palestrina를 만남 ➡ ❸과 일치
선택지 ④   스페인으로 돌아온 후 사제가 됨 ➡ ❹와 불일치
            (사제가 된 후 스페인으로 돌아옴)
선택지 ⑤   무덤은 확인되지 않았음 ➡ ❺와 일치

출제 유형 2 ▪ 그래프나 표의 세부 내용을 파악하여 일치하지 않는 선택지 고르기

기출 예제 ○ 8853-0034

다음 도표의 내용과 일치하지 <u>않는</u> 것은? [2018년 3월 고1 학평 24번]

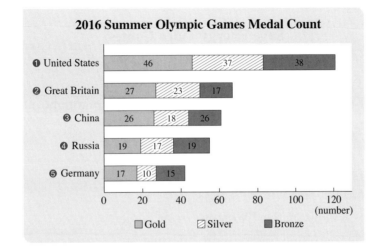

The above graph shows the number of medals won by the top 5 countries during the 2016 Summer Olympic Games, based on the medal count of the International Olympic Committee (IOC). ① Of the 5 countries, the United States won the most medals in total, about 120. ② When it comes to gold medals, Great Britain won more than China did. ③ China, Russia, and Germany won fewer than 20 silver medals each. ④ The number of bronze medals won by the United States was less than twice the number of bronze medals won by Germany. ⑤ Each of the top 5 countries won more than 40 medals in total.

 문제 해결

Step 1 글의 유형 및 소재 파악

글의 유형 ➡ 도표 / 글의 소재 ➡ 2016년 하계 올림픽 메달 집계

Step 2 선택지와의 일치 여부 판단

선택지 ①	미국의 총 메달 수 ➡ ❶과 일치
선택지 ②	영국과 중국의 금메달 수 ➡ ❷, ❸과 일치
선택지 ③	중국, 러시아, 독일의 은메달 수 ➡ ❸~❺와 일치
선택지 ④	미국과 독일의 동메달 수 ➡ 불일치(❶, ❺)
선택지 ⑤	상위 5개 국가 각각의 총 메달 수 ➡ ❶~❺와 일치

Day 9 세부 정보의 세 가지 유형

출제 유형 3 ▪ 안내문이나 광고문 등의 세부 내용을 파악하여 일치하는 선택지 고르기

기출 예제   ○ 8853-0035

Save Energy Video Contest에 관한 다음 안내문의 내용과 일치하는 것은?   [2017년 3월 고1 학평 27번]

Save Energy Video Contest

❶Create a 30-second video that encourages students to save energy in their everyday life.

• ❷The contest is open to middle and high school students.

• ❸Videos should be submitted between March 13th and midnight on April 6th to win awesome prizes.

• Prizes
  – a digital camera for five winners
  – ❹a $100 gift card for each winner's class

• ❺Winning videos will air on the TV show *Green Planet*!

Check out www.energy4future.org for more information.

① 출품작은 1분짜리 비디오여야 한다.
② 고등학생만 참가할 수 있다.
③ 작품 제출 마감은 3월 13일 자정이다.
④ 수상자의 학급에 디지털 카메라를 수여한다.
⑤ 수상작은 TV 프로그램에서 방영된다.

문제 해결

Step 1   글의 유형 및 소재 파악

글의 유형 ➡ 안내문 / 글의 소재 ➡ 비디오 제작 경연대회

Step 2   선택지와의 일치 여부 판단

선택지 ①	1분짜리 비디오 제출 ➡ ❶과 불일치(30초짜리)
선택지 ②	고등학생만 참가 ➡ ❷와 불일치(중학생도 참가)
선택지 ③	제출 마감이 3월 13일 자정 ➡ ❸과 불일치(4월 6일임)
선택지 ④	수상자 학교에 디지털 카메라 수여 ➡ ❹와 불일치(수상자 학급에 선물 카드 증정)
선택지 ⑤	TV 프로그램에 수상작 방영 ➡ ❺와 일치

출제 유형 4 ▪ 안내문이나 광고문 등의 세부 내용을 파악하여 일치하지 않는 선택지 고르기

기출 예제 ◑ 8853-0036

2018 CVL Volleyball Camp에 관한 다음 안내문의 내용과 일치하지 <u>않는</u> 것은? [2017년 수능 26번]

2018 CVL Volleyball Camp

❶The College Volleyball League (CVL) is hosting a camp for high school students from January 23 to 27.

Training Program

❷After a brief skills test, participants will be trained based on their levels.

• Basic Level: serving, tossing, and spiking

• Advanced Level: individual plays and team strategies

Daily Schedule

• 9 a.m. – 11 a.m.: one-on-one skills training

• ❸1 p.m. – 4 p.m.: practice game sessions

Note

• Participation fee is $100.

• ❹Participants will receive a volleyball and a camp T-shirt.

• ❺College volleyball players will visit to offer advice to participants on the final day of the camp.

For more information, visit our website at www.CVL.org.

① 고등학생을 대상으로 한다.
② 참가자들은 수준에 따라 훈련을 받을 것이다.
③ 오전에 연습 경기를 실시한다.
④ 참가자들은 배구공과 캠프 티셔츠를 받을 것이다.
⑤ 마지막 날에 대학 배구 선수들이 방문할 것이다.

문제 해결

Step 1 글의 유형 및 소재 파악

글의 유형 ➡ 안내문 / 글의 소재 ➡ 2018 CVL 배구 캠프

Step 2 선택지와의 일치 여부 판단

선택지 ① 고등학생을 대상으로 함 ➡ ❶과 일치
선택지 ② 수준에 따라 훈련을 받음 ➡ ❷와 일치
선택지 ③ 오전에 연습 경기를 실시 ➡ ❸과 불일치(오후임)
선택지 ④ 배구공과 캠프 티셔츠를 받음 ➡ ❹와 일치
선택지 ⑤ 마지막 날에 대학 배구 선수들이 방문 ➡ ❺와 일치

1 red-bellied piranha에 관한 다음 글의 내용과 일치하지 <u>않는</u> 것은?

○ 8853-0037

   In the Amazon River, there are 20 different kinds of piranhas. The most famous is the red-bellied piranha. It has the strongest jaws and the sharpest teeth. When water levels are low, this piranha hunts in schools of more than 100 fish. Many schools join in the feast if a large animal has been attacked. But normally red-bellied piranhas prefer prey only slightly larger than themselves. Usually a group of red-bellied piranhas swim around together in search of prey. The moment the prey is found, the fish signal each other. The fish have excellent hearing, so it's possible that they signal each other with sounds. Each fish in the group has a chance to take a bite and then swim away, making way for the others.

① 수위가 낮을 때 100마리 이상이 무리를 지어 사냥한다.

② 먹잇감으로 큰 동물을 공격했을 때는 많은 무리들이 먹기에 참여한다.

③ 일반적으로는 단지 자신들보다 약간 더 큰 먹이를 선호한다.

④ 뛰어난 청력을 가지고 있어서 먹이를 발견하면 서로 소리로 신호를 보낸다.

⑤ 먹이를 잡으면 무리의 다른 동료들이 먹지 못하도록 접근을 막는다.

2 Auguste Piccard에 관한 다음 글의 내용과 일치하지 <u>않는</u> 것은?

○ 8853-0038

   With his twin brother Jean, Auguste Piccard qualified as an engineer in Zurich. Together they developed a keen interest in ballooning — ultimately to investigate what happens high in the Earth's atmosphere — and in 1913 made a 16-hour ascent. During World War I they both joined the balloon section of the Swiss army. After the war, Jean emigrated to America to follow a university career, but Auguste continued his ballooning while professor of physics at Brussels University. In 1931 he attracted worldwide publicity with an ascent of nearly 16,000 m, using the first balloon to be equipped with a pressurized gondola. Two years later he reached over 16,200 m. But his dream had always been 'to plunge into the sea deeper than any man before', to explore the ocean depths.

*ascent 올라감

① 지구의 대기 높은 곳에서 일어나는 일을 연구했다.

② 제1차 세계 대전 때 스위스 군의 열기구 소대에 입대했다.

③ 전쟁이 끝난 뒤 대학 교수가 되어 열기구에 대한 연구를 계속했다.

④ 열기구를 사용하여 첫 시도에 16,200m 이상을 올라갔다.

⑤ 대양의 심연을 탐험하고자 바다 속 깊이 들어가는 것이 그의 꿈이었다.

3 Mortimer J. Adler에 관한 다음 글의 내용과 일치하지 <u>않는</u> 것은? ○ 8853-0039

Mortimer J. Adler was an American philosopher, educator, editor, and supporter of adult and general education by study of the great writings of the Western world. While still in public school, Adler was taken on as a copyboy by the *New York Sun*, where he stayed for two years doing a variety of editorial work full-time. He then attended Columbia University, completed his coursework for a bachelor's degree, but did not receive a diploma because he had refused physical education (swimming). He stayed at Columbia to teach and earn a Ph.D. and then became professor of the philosophy of law at the University of Chicago. There, with Robert M. Hutchins, he became a supporter of the pursuit of liberal education through regular discussions based on reading great books. For his entire life, he remained active in what he called the great-books movement and in educational reform, and continued to lecture and write into his nineties.

① 성인 교육과 일반 교육을 지지했다.
② 'New York Sun'에서 2년 동안 시간제 편집 업무를 담당했다.
③ Columbia University에서 체육을 거부했다.
④ University of Chicago에서 법철학 교수가 되었다.
⑤ 90대까지 강의와 집필 활동을 계속했다.

Words & Expressions

1
jaw 턱
feast 만찬
make way for ~에 길을 열어주다

water level 수위(水位)
signal 신호를 보내다

school (물고기·고래 등의) 떼
take a bite 한 입 베어 물다

2
qualify 자격을 얻다
ultimately 궁극적으로
physics 물리학
pressurized (액체, 기체가) 가압된

a keen interest in ~에 강한 관심
section (군대의) 소대
publicity 명성
plunge into ~에 뛰어들다

ballooning 열기구 비행
emigrate 이주하다, 이민을 가다
be equipped with ~을 장착하다
depths 심연, 심해

3
philosopher 철학자
supporter 지지자
bachelor's degree 학사 학위
liberal education 일반 교양 교육

educator 교육자
take on ~을 고용하다
diploma 졸업장, 수료증
reform 개혁

editor 편집자
copyboy 원고 담당 사환
pursuit 추구
lecture 강의하다

1 다음 도표의 내용과 일치하지 <u>않는</u> 것은?

○ 8853-0040

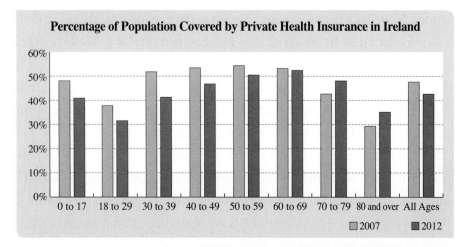

The graph above shows the percentage of the population covered by private health insurance in Ireland by age group in 2007 and 2012. ① The percentage of the population for All Ages covered by private health insurance in 2007 was higher than that in 2012. ② In 2012, the four consecutive age groups from 40-49 to 70-79 had a higher percentage covered by private health insurance than that of All Ages. ③ The percentage of the population covered by private health insurance in 2007 fluctuated with a decrease from the age group 0-17 to the age group 18-29, followed by a steady increase until the 50-59 age group and then decreasing again for the last three age groups. ④ While the lowest percentage in 2007 was shown by the age group 80 years and over, the lowest percentage in 2012 was shown by the age group 18-29. ⑤ In each age group, the percentage of the population covered by private health insurance in 2007 was higher than that in 2012, except for the age group 70-79.

Words & Expressions

population 인구   insurance 보험   consecutive 연속적인, 연이은
fluctuate 변동하다   steady 꾸준한

2 다음 도표의 내용과 일치하지 <u>않는</u> 것은?

◉ 8853-0041

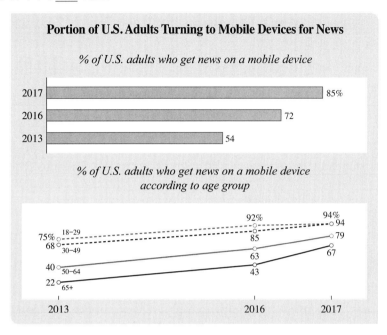

Portion of U.S. Adults Turning to Mobile Devices for News

% of U.S. adults who get news on a mobile device

Year	%
2017	85%
2016	72
2013	54

% of U.S. adults who get news on a mobile device according to age group

   The graphs above show the changes in the portion of U.S. adults who got news on a mobile device in 2013, 2016 and 2017. ① In 2017, more than eight-in-ten U.S. adults got news on a mobile device, up each recorded year from 2013. ② Roughly two-thirds of Americans ages 65 and older got news on a mobile device in 2017, a 24-percentage-point increase from 2016. ③ A significant increase is shown in the next-oldest age group: Among 50- to 64-year-olds, 79 percent of them got news on a mobile device in 2017, more than double that of 2013. ④ Over the 4 years from 2013 to 2017, the growth rate was more gradual for those younger than 50, as the younger the adults were, the smaller increase they showed. ⑤ Between 2013 and 2017, the 18-29 age group showed a 19-percentage-point increase in getting news on a mobile device, which is lower than the increase observed in Americans aged 30 to 49.

Words & Expressions

portion 비율   mobile device 휴대 전자 기기   roughly 대략
significant 상당한

3 World Championship Hoop Dance Contest에 관한 다음 안내문의 내용과 일치하는 것은?   ◐ 8853-0042

World Championship Hoop Dance Contest

On February 9 & 10, 2019, top American Indian and Canadian First Nations hoop dancers will compete at the Heard Museum. At the two-day competition, men and women will compete on an equal playing field.

Schedule
- On-site contestant registration will take place in the Encanto Room from 8:00 – 9:00 a.m.
- Competition begins at 10:00 a.m.
- All contestants will be randomly called to dance, regardless of registration order.

Judging Criteria
Contestants will be evaluated on the five categories below.
1. Precision 2. Rhythm 3. Showmanship 4. Creativeness 5. Speed

General Rules
- Dancers will be penalized for going over the time limit of 7 minutes. A large clock will be visible in the arena.
- During the contest, the contestants' number will be called three times. If they are not in the arena after the third call they will be disqualified.

*arena 경연장 **disqualified 실격이 된

① 대회 당일에 참가 신청을 하는 것은 불가능하다.
② 경연 순서는 등록 순서대로 결정될 것이다.
③ 경연 대회의 심사 기준은 총 세 가지이다.
④ 제한 시간 7분을 넘기면 벌칙이 적용된다.
⑤ 경연자가 등장할 때까지 번호가 불린다.

Words & Expressions

compete 겨루다, 경쟁하다   on an equal playing field 동등한 자격으로
on-site 현장의   contestant 참가자   registration 등록
randomly 무작위로   regardless of ~과 관계없이   evaluate 평가하다
precision 정확성   penalize 벌칙을 적용하다   visible 보이는

4 Lakeside Community Kite Fly-In에 관한 다음 안내문의 내용과 일치하지 <u>않는</u> 것은?　　　○ 8853-0043

The Lakeside Community Kite Fly-In
Saturday 8th September
From 11:00 until 16:00
On the events field at Green Porch Park

The Kent Kite Flyers return to the park to host another fun kite-flying day.

- Whether you're a beginner or an expert, come along and join in!
- FREE kite-making workshop for children
- Food and refreshments will be available in the Parish Hall.
- This event is FREE with no booking necessary! People of all ages and abilities are welcome!

Note
- We request that children be supervised by a responsible adult and that pet dogs be kept on a leash.
- Free parking along Saffron Way, car park closes at 16:30

For more information, visit our website, www.communitykite.com.

---

① 오전 11시부터 오후 4시까지 1일 동안 진행된다.
② 초보자와 전문가 모두 참여할 수 있다.
③ 아이들을 위한 연 만들기 워크숍이 무료로 열린다.
④ 사전에 온라인으로 예약해야 참가할 수 있다.
⑤ 반려견은 줄에 묶여 다녀야 한다.

Words & Expressions

refreshments 다과　　　supervise 감독하다, 관리하다　　　leash (개 등을 매어 두는) 가죽끈[줄]

Day 12 빈칸 완성_1단어

 출제유형 ▪ 빈칸에 들어갈 말로 적절한 단어, 구, 절이나 문장 고르기

기출 예제

○ 8853-0044

다음 빈칸에 들어갈 말로 가장 적절한 것은?　　　　　　　　　[2018년 6월 고1 학평 31번]

❶One outcome of motivation is behavior that takes considerable _____. ❷For example, if you are motivated to buy a good car, you will research vehicles online, look at ads, visit dealerships, and so on. ❸Likewise, if you are motivated to lose weight, you will buy low-fat foods, eat smaller portions, and exercise. ❹Motivation not only drives the final behaviors that bring a goal closer but also creates willingness to expend time and energy on preparatory behaviors. ❺Thus, someone motivated to buy a new smartphone may earn extra money for it, drive through a storm to reach the store, and then wait in line to buy it.

*preparatory 준비의

① risk
② effort
③ memory
④ fortune
⑤ experience

Words & Expressions

motivation 동기 부여
dealership 자동차 대리점

considerable 상당한
portion 1인분의 양

vehicle 차량, 탈것
expend 쓰다, 소비하다

1 출제 경향

• 글의 중심 생각을 나타내는 주제문의 술어 부분을 빈칸으로 만들어 출제

• 글의 중심 생각을 뒷받침하는 세부 사항의 핵심 부분을 빈칸으로 만들어 출제

• 글의 중심 생각을 요약 또는 강조하는 결론 부분을 빈칸으로 만들어 출제

2 문제 해결

Step 1 글의 소재 파악

문장 ❶   글의 소재 소개 ➡ 동기 부여

Step 2 글의 중심 생각 파악

문장 ❶   중심 생각(주제문) ➡ 동기 부여의 결과는 _____이 필요한 행동

문장 ❷   예시 1 ➡ 좋은 자동차를 사려는 동기의 결과(노력)

문장 ❸   예시 2 ➡ 몸무게를 줄이려는 동기의 결과(노력)

문장 ❹~❺   결론 ➡ 동기 부여는 의지를 가지고 노력하게 함

Step 3 빈칸에 적절한 내용 추론

문장 ❶   중심 생각(주제문) ➡ 동기 부여의 결과로서의 노력이 필요한 행동

Step 4 정답 선택지 선택

선택지 ②   노력

➡ 2개의 예시가 중심 생각을 뒷받침하고 결론 부분이 이 생각을 강화하고 있 으므로 정답으로 선택

3 학습 전략

▶ 글의 소재를 파악한다.

▶ 글의 중심 생각을 파악한다.

▶ 글의 중심 생각을 뒷받침하는 논거(예, 이유, 증거 등)를 확인한다.

▶ 글의 중심 생각을 되풀이하여 강화하는 결론이 있는지 확인한다.

▶ 어떤 위치의 빈칸도 해결할 수 있도록 위와 같은 문단 내부 구조를 이해한다.

1 다음 빈칸에 들어갈 말로 가장 적절한 것은?　　　　　　　　　　　　　　　　　　　○ 8853-0045

　　Social engineers are tactless predators often seeking to take advantage of people's emotions and sympathy after tragic events. Examples include phishing emails that pose as relief agencies asking for donations after events like the earthquakes in Chile, Haiti, and Japan or Hurricane Katrina. In fact, after Hurricane Katrina, it was reported that within weeks of the event, 4,000 phishing websites surfaced, each looking to deceive generous and thoughtful people through their charitable instincts. Other attacks seek to prey on human tragedies like the attack on the Twin Towers and the tragic events that took place in Norway in 2011. Whatever the case, malicious social engineers are heartless when it comes to making a quick dollar, and they will often go to great lengths to prey on people at times of greatest _____.

*phishing 피싱 사기　**malicious 악의적인

① prejudice　　　　② confidence　　　　③ uncertainty
④ vulnerability　　⑤ development

2 다음 빈칸에 들어갈 말로 알맞은 것은?　　　　　　　　　　　　　　　　　　　○ 8853-0046

　　As a counselor, I'll never forget one busy holiday weekend when an attractive forty-something woman came into a clothing store looking for an outfit to wear to a Christmas party. She must have tried on every item in the store before coming to the conclusion that "nothing worked" for her. Considering that everything in the store actually did work for her quite well, I knew that this general dissatisfaction had nothing to do with the clothing. After some questioning, I discovered that my customer was completely confused about her _____. Doubt and frustration poured out with her tears as she attempted to find answers. She did not know if she was old or young, mother or wife, modern or outdated, attractive or past her prime, and therefore she did not know what clothes worked for her. Although she eventually bought an outfit that day, she promptly returned it.

① career　　　　② destiny　　　　③ identity
④ relationship　⑤ responsibility

3 다음 빈칸에 들어갈 말로 가장 적절한 것은?　　　　　　　　　　　　　◐ 8853-0047

In a series of experiments, Fehr and his collaborators found that a significant proportion of people willingly repay gifts and punish individuals who violate fairness and cooperative norms, even under conditions where all the individuals remain anonymous, only a single round is played (so-called 'one-shot' games) and everyone is genetically unrelated. Anonymity and the one-shot nature of the games means that reciprocal altruism cannot be operating (individuals cannot recognize their opponents, and never meet them again anyway), whilst the lack of relatedness means these results cannot be explained by kin selection. Fehr has termed this behaviour *strong reciprocity* and defines its essential feature as a willingness to _____ resources both in rewarding fair behaviour and punishing unfair behaviour, even if this is costly and provides neither present benefit nor future economic rewards for the reciprocator.

*anonymous 익명인　**reciprocal altruism 상호 이타주의

① share　　　　　　② utilize　　　　　　③ provide
④ sacrifice　　　　　⑤ maintain

Words & Expressions

1	tactless 눈치 없는, 요령 없는	predator 포식자	take advantage of ~을 이용하다
	pose as ~인 체하다	prey on 사기 치다, 등쳐 먹다	
	go to great lengths to *do* ~하려고 무엇이든 하다		

2	counselor 카운슬러	attractive 매력적인	forty-something 40대의
	outfit 의상 한 벌	conclusion 결론	dissatisfaction 불만족
	have nothing to do with ~과 아무런 상관이 없다		completely 완전히
	confused 혼란스러운	doubt 의심	frustration 좌절
	pour out 쏟아져 나오다	outdated 시대에 뒤떨어진	prime 전성기
	promptly 즉시		

3	collaborator 공동 연구자	norms 규범	opponent 상대
	kin selection 혈연 선택		

Day 13 빈칸 완성_어구

1 다음 빈칸에 들어갈 말로 가장 적절한 것은?　　　　　　　　　　○ 8853-0048

　　The Greek city-state had an interesting way of calling citizens together when a vote for some type of action was needed. If, for example, one city-state was marching against another to do battle, a person would walk the streets blowing a horn, announcing that all should gather in the amphitheater just outside of town. When the citizens of the city heard this, they would close up their shops, head to the amphitheater to get the news and fulfill their civic duty by voicing their response. However, some shop owners refused to shut down, hoping to do extra business while the competitors' businesses were closed. The Greeks referred to such persons as *idiotes*, which means someone is closed up in their own world who, concerned only with personal goals, _____.　　*amphitheater 원형 극장

① joins a losing battle
② ignores the greater good
③ spreads groundless rumors
④ overextends their business
⑤ insists on fulfilling their own duties

2 다음 빈칸에 들어갈 말로 가장 적절한 것은?　　　　　　　　　　○ 8853-0049

　　Emotion is sometimes based upon _____. A sports announcer, prior to a game that has been given a lot of media attention and has a long established rivalry, might say something like: "You can feel the emotion in the air." He says this because he anticipates that the fans will shout encouraging words, boo the referee, wave their arms and clap their hands; in other words, they will do all the things fans usually do. The announcer refers to these sounds and actions collectively as emotion. But can he actually "feel" it? He, himself, is (by his own use of the term) being "emotional." TV interviewers often insist on the emotional moment. They ask, "How did you feel when this or that happened?" Or, "Describe your emotion at the time." Emotion is much overestimated; thinking is much underestimated.　　*boo 야유하다

① past failures
② instant responses
③ a sense of expectation
④ an innate temperament
⑤ achievement motivation

3 다음 빈칸에 들어갈 말로 가장 적절한 것은?   **○** 8853-0050

First defined in nonsport settings by E. E. Jones and Berglas in 1978, self-handicapping consists of a person's thoughts and/or actions that serve to protect his or her self-esteem by providing excuses for failure. A sport example would be the athlete's anticipation of losing the sports contest before events occur by explaining reasons for the anticipated lack of success. Self-handicappers externalize or "excuse" failure and internalize (i.e., accept credit for) success. They do not associate failure with their poor skills, thereby protecting their self-esteem. Thus, if athletes feel that they will not be at fault for failing — the expected failure is someone else's fault — they will not accept responsibility for group failure. In addition, the team, or group, is actually *expected* to fail. In fact, the athlete may unintentionally promote failure by exerting low effort. Thus, when we anticipate failure, we think and act in a manner that _____.

*exert 가하다, 행사하다

① damages our self-esteem
② promotes the team's success
③ highlights other people's faults
④ overcomes physical challenges
⑤ supports anticipated failure outcomes

Words & Expressions

1 city-state 도시 국가	march against ~을 향해 진군하다	horn 나팔, 피리
announce 알리다	fulfill (의무·약속·직무 등을) 다하다	civic 시민의
duty 의무	voice (말로) 나타내다, 표현하다	competitor 경쟁자
refer to ~이라고 칭하다	greater good 공공의 이익	overextend 과도하게 확장하다
2 rivalry 경쟁	referee 심판	clap one's hands 손뼉을 치다
3 consist of ~으로 구성되다	serve to *do* ~하는 데 도움이 되다	excuse 변명; 변명하다
anticipation 예상	externalize 외적 원인으로 돌리다	internalize 내적 원인으로 돌리다
credit 공, 공적	associate 결부시키다, 관련지어 생각하다	unintentionally 고의가 아니게
highlight 강조하다		

1 다음 빈칸에 들어갈 말로 가장 적절한 것은?   ○ 8853-0054

Control breeds its own necessity. So, when we treat land with heavy pesticides, the superweeds and superbugs that emerge require new and even stronger doses of pesticides. When someone goes on a diet and attempts to control her urge to eat, at some point the suppressed desire explodes outward as a binge, prompting further attempts to control herself. And when human beings are boxed in, watched, scheduled, assigned, classed, and compelled, they resist in all kinds of ways, sometimes irrational or even violent. Ah, we think, we need to control these people. As with an addiction, these intensifying attempts at control eventually exhaust all available resources, whether personal, social, or planetary. The result is a crisis _____.   *binge 폭식

① wherein the desire to control others is finally achieved
② that desire and power can control if humans learn to fail
③ where not controlling thoughts can make reactions automatic
④ wherein uncontrolled behavior endangers the welfare of others
⑤ that the technologies of control can only postpone but never solve

2 다음 빈칸에 들어갈 말로 가장 적절한 것은?   ○ 8853-0055

In understanding bird language, we need to look at bird culture as an anthropologist looks at human culture. Each species occupies a different niche in the environment, subtle though the difference may be to us. (It could be obvious to the birds.) Some species catch insects on the wing; others scratch insects from under the leaves. The better we understand the whole ecology of a given place, the better we become at looking at this world from the birds' perspective, and the better we will be at learning the birds' language. Every living being has a purpose, a mission, a life strategy, a set of gifts, and a set of weaknesses. Set aside any assumption that _____. Making these types of assumptions leads to missing the subtle unique traits inherent in birds, other animals, and people.   *niche (특정 종류의 생물이 살기에) 적합한 환경

① it is possible to learn bird language
② nothing can exist in this environment
③ it will not dramatically shift its ranges
④ its behavior is random and meaningless
⑤ a rich material environment is necessary

3 다음 빈칸에 들어갈 말로 가장 적절한 것은?   ○ 8853-0056

　The success of global brands has led some writers to predict an inevitable colonization of world cultures by international corporate brands that would lead to the fall of local cultures. However, there also is evidence that social relationships and values in local cultures are relatively resistant to the assumed erosive effects of globalization. Studies of mobile phone use in South Korea and of MTV in East Asia found that the spread of global products and services in East Asia, instead of destroying local cultures, reinforced and reinvented moral values in local communities. This is the paradoxical aspect of globalization at which Giddens points, when he defines globalization as "a complex set of processes that operate in a contradictory or oppositional fashion." On the one hand, globalization is expected to destroy local cultures; on the other hand, ＿＿＿＿＿＿＿＿＿＿＿＿＿＿＿＿.

*erosive 점진적으로 파괴적인

① it helps to improve ways to research local cultures
② it draws attention to the protection of cultural heritage in Asia
③ it has led to the spread of diverse media despite the limiting factors of time and space
④ it is the reason for the revival of local cultural identities in different parts of the world
⑤ it provides large amounts of quality products and services for people around the globe

Words & Expressions

1
breed 낳다	necessity 필요성, 필요	pesticide 살충제

superweed 슈퍼잡초(유전자 조작 식물에 의해 우연히 수분되어 생긴 야생 식물로서, 제초제에 대한 저항성이 있고 해충을 죽일 수 있음)

superbug 슈퍼버그(항생제로 쉽게 제거되지 않는 박테리아)

		emerge 생겨나다, 발생하다
dose (어느 정도의) 양	urge 충동	suppressed 억압된
explode 폭발하다	prompt 일으키다, 유발하다, 자극하다	attempt 시도
assign 할당하다	compel 강요하다	resist 저항하다
irrational 비이성적인	violent 폭력적인	addiction 중독
intensify 더 강해지다	eventually 결국	exhaust 고갈시키다
available 이용 가능한	planetary 세계적인	crisis 위기
postpone 미루다		

2
anthropologist 인류학자	occupy 차지하다	subtle 포착하기 힘든
obvious 분명한	scratch 긁다	insect 곤충
ecology 생태 환경	perspective 관점	purpose 목적
set aside 제쳐 두다		

3
inevitable 불가피한	colonization 식민지화	resistant 저항하는
reinforce 강화하다	paradoxical 역설적인	contradictory 모순된
oppositional 대립적인	fashion 방식	heritage 유산, 전통

Day 15 무관한 문장 파악

출제
유형

- 글의 전체 흐름에서 벗어나는 문장 고르기
- 앞뒤 내용과 유사하거나 공통된 어휘를 공유하지만 통일성을 해치는 문장 찾기

기출 예제

○ 8853-0061

다음 글에서 전체 흐름과 관계 <u>없는</u> 문장은?

[2018년 3월 고2 학평 35번]

❶In addition to controlling temperatures when handling fresh produce, control of the atmosphere is important. ① ❷Some moisture is needed in the air to prevent dehydration during storage, but too much moisture can encourage growth of molds. ② ❸Some commercial storage units have controlled atmospheres, with the levels of both carbon dioxide and moisture being regulated carefully. ③ ❹Though living things emit carbon dioxide when they breathe, carbon dioxide is widely considered to be a pollutant. ④ ❺Sometimes other gases, such as ethylene gas, may be introduced at controlled levels to help achieve optimal quality of bananas and other fresh produce. ⑤ ❻Related to the control of gases and moisture is the need for some circulation of air among the stored foods.

*dehydration 탈수 **controlled atmosphere 저온 저장과 함께 공기의 농도를 조절하는 장치

Words & Expressions

temperature 온도, 기온
moisture 습기
commercial 상업용의
emit 방출하다
circulation 순환

produce 농산물
storage 저장
carbon dioxide 이산화탄소
pollutant 오염 물질

atmosphere 공기
mold 곰팡이
regulate 조절하다
optimal 최적의

1 출제 경향

- 중심 생각과 이를 뒷받침하는 근거가 논리적으로 잘 발전된 글감에 주로 출제
- 글의 지엽적 이해보다 전체적 흐름을 이해할 필요가 있는 글감에 주로 출제
- 각 문장이 논리적이면서 유기적으로 잘 구성된 글감에 주로 출제

2 문제 해결

Step 1   글의 소재 파악

문장 ❶   글의 소재 소개 ➡ 농산물 취급 시 공기 관리

Step 2   글의 전개 구조 파악

문장 ❶   글의 논점 제기 ➡ 농산물 취급 시 공기 관리의 중요성

문장 ❷, ❹, ❺ 글의 논점 발전 ➡ 습기와 이산화탄소 조절, 에틸렌 가스 유입을 통한 공기 관리

문장 ❻   논점의 발전 ➡ 저장 식품 사이 공기 순환의 필요성

Step 3   글의 통일성 파악

문장 ❹   앞뒤 문장 간 논리적 관계 파악 ➡ 이산화탄소와 습기 수준을 조절하는 시스템과 에틸렌 가스 유입을 통한 최적의 품질 달성의 흐름에서 오염 물질로서의 이산화탄소를 언급함

Step 4   무관한 문장 제거 후 논리적 흐름 점검

다양한 공기 조절 방법 ➡ 문장 ❸(이산화탄소 수준 조절) → 문장 ❺(다른 기체인 에틸렌 가스 유입)

3 학습 전략

▶ 글의 중심 소재를 파악한다.

▶ 글의 논점 혹은 주제를 파악한다.

▶ 글의 논리적 흐름을 파악한다.

▶ 전체 흐름과 관계 없는 문장을 파악한다.

▶ 전체 흐름과 관계 없는 문장을 뺀 나머지 글의 흐름이 자연스러운지 확인한다.

 테스트

1 다음 글에서 전체 흐름과 관계 <u>없는</u> 문장은?　　　　　　　　　　　　　　　　　◐ 8853-0062

　　One of the factors that explain human success is that we have expanded our concept of survival from the individual to a focus on the family or tribe. When we work as a team it becomes far easier to survive and thrive. A team of hunters can corner and kill an animal far better than one person alone. ①Other people, less physically strong but more skillful, can make tools and weapons. ②Many communities have built a culture that can override the individual survival instinct — our warriors are willing to die for the common good. ③But this is not a sacrifice they make for humanity as a whole. ④Real sacrifice lightens the mind of the doer and gives him a sense of peace and joy. ⑤They are only prepared to give up their lives for the community into which they were born and to which they have pledged allegiance.

*pledge allegiance 충성을 맹세하다

2 다음 글에서 전체 흐름과 관계 <u>없는</u> 문장은?　　　　　　　　　　　　　　　　　◐ 8853-0063

　　The expression "the straw that broke the camel's back" correctly explains the change from quantity to new quality. ①It may seem that one additional straw could not have that effect, but at some point the weight adds up to an unbearable load. ②Similarly, when a glass of water is cooled by one degree at a time, it reaches a point where the liquid becomes ice, a solid with very different properties. ③Different materials with different properties are suited to different uses. ④With this understanding of change, we can look at what seems to be changing slowly at first, then suddenly becomes a very different situation. ⑤The polarization of society more and more into two classes can potentially change what has been a seemingly stagnant period into one of dramatic change.

*polarization 양극화　**stagnant 정체된

3 다음 글에서 전체 흐름과 관계 <u>없는</u> 문장은? ● 8853-0064

Questionnaires are a legitimate and often highly effective tool for carrying out research in the social sciences. Their effectiveness is normally directly related to the amount of thought and planning that goes into the composition of the questions. ① These well-planned questions are invariably the result of anticipating the likely answers. ② This enables the questions to be fine-tuned to ensure as high a proportion of meaningful responses as possible from as few questions as possible. ③ In other words, the questioner has to have a reasoned hypothesis about how people will respond. ④ The primary disadvantage compared to interviews is thus that the results obtained are necessarily less rich in depth because of the more passive nature of the technique. ⑤ An account of that hypothesis and the reasoning behind it in the *Introduction* is the ideal way to explain your logic and prepare the reader to grasp and understand the rest of the article.

*legitimate 타당한   **hypothesis 가설

Words & Expressions

1
factor 요소, 요인	expand 확장시키다	concept 개념
tribe 부족	thrive 번창하다	physically 신체적으로
skillful 솜씨 좋은, 숙련된	weapon 무기	community 공동체
override ~을 능가하다	instinct 본능	warrior 전사
sacrifice 희생	humanity 인류	
lighten (일·부채·걱정 등을) 가볍게 해주다[덜어 주다]		

2
expression 표현	straw 지푸라기	camel 낙타
correctly 정확하게	quantity 수량	quality 속성, 품질
additional 추가적인	unbearable 견딜 수 없는	load 짐, 부담
liquid 액체	solid 고체	property 속성
material 물질	potentially 어쩌면, 잠재적으로	seemingly 겉보기에

3
questionnaire 설문지	ensure 보장하다	primary 주요한
account 설명	grasp 파악하다	

Day 16 글의 순서

▪ 한 문단을 시작하는 주어진 글 다음에 이어지는 세 개의 글 순서 파악하기

기출 예제

○ 8853-0065

주어진 글 다음에 이어질 글의 순서로 가장 적절한 것은? [2018년 3월 고1 학평 35번]

❶Suppose that you are busy working on a project one day and you have no time to buy lunch. ❷All of a sudden your best friend shows up with your favorite sandwich.

(A) ❸The key difference between these two cases is the level of trust. ❹You trust your best friend so much that you won't worry about him knowing you too well, but you certainly would not give the same level of trust to a stranger.

(B) ❺He tells you that he knows you are busy and he wants to help you out by buying you the sandwich. ❻In this case, you are very likely to appreciate your friend's help.

(C) ❼However, if a stranger shows up with the same sandwich and offers it to you, you won't appreciate it. ❽Instead, you would be confused. ❾You would likely think "Who are you, and how do you know what kind of sandwich I like to eat?"

① (A)–(C)–(B)　　　　② (B)–(A)–(C)　　　　③ (B)–(C)–(A)

④ (C)–(A)–(B)　　　　⑤ (C)–(B)–(A)

Words & Expressions

show up 나타나다　　　　**key** 주요한　　　　**trust** 신뢰, 믿음; 신뢰하다, 믿다
stranger 낯선 사람　　　　**appreciate** 고마워하다　　　　**offer** 주다, 제공하다
instead 대신에　　　　**confused** 혼란스러운

1 출제 경향

- 어떤 사건이 진행되는 과정이 차례대로 드러나는 이야기나 설명문에서 출제
- 중심 생각을 주어진 글로 제시하고, 세부 사항의 일관성을 묻도록 출제
- 배경 정보를 주어진 글로 제시하고, 중심 생각의 발전 과정을 묻도록 출제
- 중심 생각이 문단 전체에 함축되어 있는 글에서도 출제
- 연결어, 지시어, 대명사 등의 단서를 통해 글의 순서를 파악하도록 출제

2 문제 해결

Step 1 글의 중심 생각 파악

문장 ❶～❷   글의 소재 소개 ➡ 샌드위치를 사 준 친구

Step 2 글의 연결 고리 파악

문장 ❷	주어진 문장 ➡ your best friend(친한 친구)
문장 ❺	글 (B) ➡ He(친한 친구)
문장 ❼	글 (C) ➡ However(역접 관계)
문장 ❸	글 (A) ➡ these two cases(B와 C의 두 경우)

Step 3 글의 흐름 파악

문장 ❶～❷	주어진 문장 ➡ 바쁜 상황에 친구가 샌드위치를 사 줌
문장 ❺～❻	글 (B) ➡ 친구에게 고마워함
문장 ❼～❾	글 (C) ➡ 낯선 사람의 경우 혼란스러워함
문장 ❸～❹	글 (A) ➡ 두 경우는 신뢰 수준의 차이(중심 생각)

Step 4 정답 선택지 선택

선택지 ③   (B)-(C)-(A) ➡ 글의 흐름과 단서들을 종합한 결과

3 학습 전략

▶ 글의 소재와 중심 생각을 파악한다.
▶ 글의 중심 생각을 뒷받침하는 세부 정보를 파악한다.
▶ 세부 정보의 유형과 발전 과정을 확인한다.
▶ 글의 연결 고리 역할을 하는 연결어, 지시어, 대명사 등의 단서를 찾는다.
▶ 세부 정보의 발전 과정과 연결 단서를 종합하여 글의 순서를 결정한다.
▶ 최종 선택지를 선택한 다음 의미가 자연스러운지 확인한다.

1 주어진 글 다음에 이어질 글의 순서로 가장 적절한 것은?　　　　　　　　　◎ 8853-0066

> The other day, I was riding the subway and heard two young girls poring over each other's SNS (Social Networking Service) accounts.

(A) But think of how many of those people you actually interact with in a real way. If you think of how many you interact with on a daily basis, the number is probably smaller still.

(B) The other girl responded with a five-digit number, and I watched as the first girl sat back in the subway car, looking deflated. It's easy to get tied up in numbers — how many people you follow, how many follow you, how many likes or comments you get.

(C) "How many followers do you have?" one asked. "Only 300," the other said, sounding dejected. "Why, how many do you have?"　　　*pore over 자세히 읽다 **dejected 낙담한

① (A)–(C)–(B)　　　　② (B)–(A)–(C)　　　　③ (B)–(C)–(A)
④ (C)–(A)–(B)　　　　⑤ (C)–(B)–(A)

2 주어진 글 다음에 이어질 글의 순서로 가장 적절한 것은?　　　　　　　　　◎ 8853-0067

> Confusions surrounding the role and status of adult authority have led to a loss of confidence in society's ability to socialize the younger generations.

(A) As a result, the problems of society are frequently confused with those of education. It appears that as adult authority diminishes, the role of the school expands — particularly in the domain of socialization.

(B) The loss of authority undermines the claim that adults have something important to transmit to the younger generations. This crisis of adult authority frequently is experienced as an inability to communicate a shared system of norms and values with clarity and conviction.

(C) Often schools are charged with the task of taking responsibility for the socialization of their students, and it sometimes appears that schools are expected to find solutions to problems for which the wider society has no answer.　　　*undermine 약화시키다

① (A)–(C)–(B)　　　　② (B)–(A)–(C)　　　　③ (B)–(C)–(A)
④ (C)–(A)–(B)　　　　⑤ (C)–(B)–(A)

3 주어진 글 다음에 이어질 글의 순서로 가장 적절한 것은? ◐ 8853-0068

> In an experiment with a group of monkeys housed in a single cage, one of the apes went for the banana, and at that instant we poured water all over the other apes. The ape with the banana was very pleased, and the other apes were not.

(A) Very pleased with our result, we replaced two apes with two new ones. The new apes of course went for the banana, and instantly they were "corrected" by the rest of the group. The experiment went on, replacing old apes by new ones until the whole group consisted of new apes.

(B) So we replaced the banana with a new one and waited. The bold ape tried for the banana. But as soon as he moved towards the banana he was severely attacked by the other apes. Finally the bold ape gave up his attempts to get the banana.

(C) As soon as one of the apes went for the banana, he was corrected by the other members of the group. This was a remarkable result indeed. For none of the apes had ever experienced the actual punishment with water, and yet they all corrected each other never to go for the banana.

① (A)–(C)–(B)   ② (B)–(A)–(C)   ③ (B)–(C)–(A)
④ (C)–(A)–(B)   ⑤ (C)–(B)–(A)

Words & Expressions

1	account 계정 tie up in ~에 묶어 두다	on a daily basis 매일	deflated 기가 꺾인
2	status 지위 norms 규범	diminish 줄어들다 conviction 확신	domain 영역
3	house 수용하다 replace 교체하다	cage 우리 bold 대담한	ape 유인원

Day 17 문단 안에 문장 넣기

 출제 유형 ▪ 문단을 구성하는 주요 문장 하나가 들어가기에 적절한 곳 고르기

기출 예제

◐ 8853-0075

글의 흐름으로 보아, 주어진 문장이 들어가기에 가장 적절한 곳은?　　　[2018년 6월 고1 학평 38번]

> Yet libraries must still provide quietness for study and reading, because many of our students want a quiet study environment.

❶Acoustic concerns in school libraries are much more important and complex today than they were in the past. (①) ❷Years ago, before electronic resources were such a vital part of the library environment, we had only to deal with noise produced by people. (②) ❸Today, the widespread use of computers, printers, and other equipment has added machine noise. (③) ❹People noise has also increased, because group work and instruction are essential parts of the learning process. (④) ❺So, the modern school library is no longer the quiet zone it once was. (⑤) ❻Considering this need for library surroundings, it is important to design spaces where unwanted noise can be eliminated or at least kept to a minimum.

*acoustic 소리의

Words & Expressions

electronic resources 전자 장비　　　equipment 시설, 설비　　　surroundings 환경
eliminate 제거하다

1 출제 경향

- 문단의 중심 생각과 이를 뒷받침하는 세부 사항이 잘 발전된 글감에서 주로 출제
- 주어진 문장은 세부 사항을 구성하는 데 없어서는 안 되는 문장으로 제시
- 글의 지엽적 이해보다 전체적 흐름을 이해할 필요가 있는 글감에서 주로 출제

2 문제 해결

Step 1 주어진 문장에서 글의 소재 파악

주어진 문장 ➡ 도서관의 조용한 환경

Step 2 글의 전개 구조 파악

문장 ❶   글의 논점 제기 ➡ 오늘날 학교 도서관의 소음

문장 ❷~❹   글의 논점 발전 ➡ 사람이 내는 소리와 전자 장비로 인한 소음 증가

문장 ❺   논점의 정리 ➡ 학교 도서관의 소음의 변화

Step 3 글의 논리적 비약이나 단절 파악

문장 ❺~❻   두 문장 간 논리적 관계 파악 ➡ 현대 학교 도서관의 소음 증가와 최소한의 소
                    음 통제의 필요성 제기. 소음 통제가 필요한 이유에 대한 설명이 주어진 문장
                    에 제시됨

Step 4 주어진 문장 삽입 후 논리적 흐름 점검

도서관 소음 통제의 정당성 ➡ 문장 ❺ + 주어진 문장 + 문장 ❻

3 학습 전략

▶ 글의 중심 생각을 파악하고, 그것을 뒷받침하는 세부 사항의 유형을 구분한다.

▶ 중심 생각을 뒷받침하는 세부 사항이 어떻게 발전되고 있는지 파악한다.

▶ 세부 사항을 이루는 문장 간 논리적 비약이나 단절이 있는 부분을 파악한다.

▶ 문장 간 전후 관계 파악에 도움이 되는 연결어, 지시어, 대명사 등을 활용한다.

▶ 주어진 문장을 넣어본 다음 글의 전체적 흐름을 점검한다.

1 글의 흐름으로 보아, 주어진 문장이 들어가기에 가장 적절한 곳은?   8853-0076

> Then, sometime in the sixteenth century, Dutch growers decided to give this root vegetable a patriotic edge.

Here's a fact I'll bet you didn't know: Carrots once came in every color *but* orange. (①) There were red, black, green, white, and even purple varieties. (②) Using a mutant seed from North Africa, breeders began developing an orange variety in honor of their monarch, William I, the Prince of Orange, who led them to independence against the Spaniards. (③) A country with an orange flag now had its very own orange carrot. (④) You might call this one of history's most superbly successful branding exercises, albeit one that was never capitalized on. (⑤) Very few people who munch on a carrot — and not even Bugs Bunny — are aware that they're biting into one of the greatest missed branding opportunities of all time.

*mutant 돌연변이의   **monarch 군주

2 글의 흐름으로 보아, 주어진 문장이 들어가기에 가장 적절한 곳은?   8853-0077

> But, blocking any one route is not necessarily a problem because others can be used to compensate for such a development.

Pete Bradshaw offered an economic analogy based on the concepts of income and savings that describes how the view of self-esteem works in his 1981 book, *"The Management of Self-Esteem."* (①) He viewed all the experiences that may enhance self-esteem in life as a reserve of potential self-esteem "income." (②) Which type of experiences an individual chooses to use as a "deposit" to place in this self-esteem "account" does not matter in this model because all of them go to the same place. (③) Only the strength or frequency of the "income flow" determines the degree or level of our self-esteem. (④) Failures can be seen as detracting from self-esteem, much like a debit in an account. (⑤) Only the total amount matters.

*analogy 비유   **detract from (가치를) 손상시키다

3 글의 흐름으로 보아, 주어진 문장이 들어가기에 가장 적절한 곳은? ● 8853-0078

> If you have a pet, you may have found yourself orienting in the direction of your pet's gaze, and becoming frustrated when you did not see anything!

Orienting responses can be contagious. Not only do we orient ourselves toward stimuli we have just sensed (like a sudden noise or movement in our peripheral visual field), but we also orient ourselves in the direction that *others* have oriented. (①) For example, infants as young as 4 months of age will follow the gaze of others, and adults will do likewise. (②) To test this response, simply have a conversation with someone, and then shift your gaze over his or her shoulder and widen your eyes a bit. (③) See how quickly the other person turns to look. (④) Interestingly, this effect also occurs across species. (⑤) Because dogs and cats have somewhat different perceptual systems than humans, they can often hear, see, or smell things that we cannot detect.

*contagious 전염성의   **peripheral 주변의

Words & Expressions

1
patriotic 애국적인
breeder 재배자
Spaniard 스페인인
albeit 비록 ~일지라도

edge 강점
in honor of ~에게 경의를 표하여, ~을 기념하여
superbly 최고로, 최상으로
capitalize on ~을 활용하다

variety 품종, 변종
branding 브랜드 이름 만드는 작업
munch on ~을 아작아작 씹어 먹다

2
compensate for ~을 보상하다, ~을 보충하다
reserve 비축, 저장
strength 강도

deposit 입금(액)
frequency 빈도

enhance 강화시키다
account 계좌
debit 인출(액)

3
orient 일정 방향으로 향하게 하다
perceptual 지각의

gaze 응시
detect 감지하다

infant 유아

Day 18 요약문 완성

▪ 글의 내용을 한 문장으로 요약할 수 있도록 두 군데 빈칸에 적절한 말 고르기

기출 예제

● 8853-0079

다음 글의 내용을 한 문장으로 요약하고자 한다. 빈칸 (A), (B)에 들어갈 말로 가장 적절한 것은? [2018년 3월 고1 학평 40번]

❶Crows are a remarkably clever family of birds. ❷They are capable of solving many more complex problems compared to other birds, such as chickens. ❸After hatching, chickens peck busily for their own food much faster than crows, which rely on the parent bird to bring them food in the nest. ❹However, as adults, chickens have very limited hunting skills whereas crows are much more flexible in hunting for food. ❺Crows also end up with bigger and more complex brains. ❻Their extended period between hatching and flight from the nest enables them to develop intelligence.

*peck (모이를) 쪼아 먹다

❼Crows are more _____(A)_____ than chickens because crows have a longer period of _____(B)_____ .

	(A)		(B)
①	intelligent	‥‥‥	dependency
②	passive	‥‥‥	dependency
③	selfish	‥‥‥	competition
④	intelligent	‥‥‥	competition
⑤	passive	‥‥‥	hunting

Words & Expressions

crow 까마귀
complex 복잡한
nest 둥지
extended 장기간에 걸친, 긴

remarkably 놀랄 만큼
hatch 부화하다
whereas 반면에
flight (새 등이) 집을 떠남, 비행

clever 영리한
rely on ~ to *do* …을 ~에 의존하다
flexible 유연한

1 출제 경향

- 서로 다른 개념이나 주장을 서로 비교하거나 대조하는 글과 요약문 출제
- 하나의 현상을 구성하는 둘 이상의 요소를 소개하는 글과 요약문 출제
- 원인과 결과가 분명하게 드러나는 글과 요약문 출제

2 문제 해결

Step 1 글의 소재 파악

문장 ❶   글의 소재 소개 ➡ 까마귀

Step 2 글의 중심 내용 파악

문장 ❶   글의 주제 제기 ➡ 까마귀는 영리한 조류

문장 ❷   이유 ➡ 복잡한 문제 해결 가능

문장 ❸~❺ 근거 ➡ 닭과 까마귀의 문제 해결 능력 비교

문장 ❻   결론 ➡ 부화와 둥지를 떠나는 것 사이의 긴 기간으로 지능 발달

Step 3 요약문 내용 파악

문장 ❼   요약문의 핵심 내용 ➡ 까마귀와 닭 비교

Step 4 정답 선택지 선택

선택지 ①   똑똑한 – 의존
        ➡ 주제를 구성하는 핵심어와 결론을 구성하는 핵심어가 모두 들어 있음

3 학습 전략

▶ 글의 도입부에서 중심 소재를 파악한다.

▶ 글의 논점 혹은 주제를 파악한다.

▶ 글의 전개를 따라가며 글에 제시된 핵심 내용을 파악한다.

▶ 글의 내용을 압축해서 전달할 수 있는 핵심어를 파악한다.

▶ 선택지를 요약문의 빈칸에 넣어 글의 주제와 핵심 내용에 부합하는지 확인한다.

1 다음 글의 내용을 한 문장으로 요약하고자 한다. 빈칸 (A), (B)에 들어갈 말로 가장 적절한 것은? ◉ 8853-0080

"Feel" is not a synonym for "think." "Feel" is often used when "think" would be more appropriate. Emotion is often used as though emotion exists apart, separate from thought; as though emotions have a life of their own and simply float around waiting to land up on some unsuspecting person and wreak all kinds of havoc. For some reason our society seems to prefer using the word "emotion" and/or "emotional" instead of terms that actually describe behavior. Maybe it's because we've gotten away from being specific about practically everything. We seem to like generalities, vagueness and language that lacks precision and clarity. So, instead of saying someone is happy or sad or whatever, we are more inclined to simply say he is emotional. It avoids the details of having to figure out where emotions come from to begin with.

*wreak havoc 피해를 입히다

> People use words like _____(A)_____ because it is more socially acceptable to use _____(B)_____ language.

	(A)		(B)
①	emotional	......	sentimental
②	emotional	......	ambiguous
③	negative	......	ambiguous
④	negative	......	concrete
⑤	thoughtful	......	concrete

Words & Expressions

synonym 동의어	**float around** 떠돌아다니다	**unsuspecting** 의심하지 않는, 이상한 낌새를 못 채는
generality 일반론	**vagueness** 애매함	**precision** 정확성
clarity 명료함	**be inclined to** *do* ~하는 경향이 있다	

2 다음 글의 내용을 한 문장으로 요약하고자 한다. 빈칸 (A), (B)에 들어갈 말로 가장 적절한 것은? ◉ 8853-0081

Most sociologists believe that most of a person's capacities are gained through the person's embedding in social groups. If machines could succeed in mimicking human reasoning, then either humans would have learned to "socialize" machines or there would be something wrong with the idea of "the social." At the moment, humans have no idea how to socialize machines; there are no machines that can be raised from birth and learn language within a family, nor any that are imprinted with a ready-made set of social abilities and a capacity to continue to build them through social interaction. From time to time such abilities have been claimed for machines as they have evolved. For example, neural nets appear to be capable of learning by themselves, but only in a crude, behavioristic way, as one might train a pigeon or the like, so the deep problem of socialization has not been approached. This means that any real successes in Artificial Intelligence would threaten the sociologist's idea of the social.

*embed 박다, 끼우다 **mimic 흉내 내다

Human abilities developed through ____(A)____ in a group have yet to be successfully incorporated into Artificial Intelligence, but were it possible, it would ____(B)____ the concept of the social.

	(A)		(B)
①	conflict	……	weaken
②	discussion	……	embrace
③	interaction	……	threaten
④	competition	……	reinforce
⑤	learning	……	formulate

Words & Expressions

reasoning 추리, 추론   socialize 사회화시키다   imprint 각인시키다
claim 주장하다   crude 서툰, 거친   behavioristic 행동주의적인

Day 19 장문의 이해_1지문 2문항

 출제
유형
- 1~2문단 이상의 비교적 긴 지문을 읽고 제목과 빈칸에 들어갈 말 고르기
- 최근 들어 빈칸 완성 대신 밑줄 친 5개의 선택지 중 문맥에 맞지 않는 단어를 찾는 문제로 대체되기도 함

기출 예제

[1~2] 다음 글을 읽고, 물음에 답하시오.   [2018년 6월 고1 학평 41~42번]

Think of the most famous scientists you know — Isaac Newton, Louis Pasteur, Albert Einstein, Thomas Edison, Pierre and Marie Curie, Stephen Hawking, and so on. What do all these people have in common? ❶Well, for one thing, they're all very smart. ❷In some cases they even taught themselves most of what they knew about their particular subject. In fact, Sir Isaac Newton had to invent a new branch of mathematics (calculus) just to solve the problems he was trying to do in physics. ❸There is something else they all had in common that set them apart from the other smart people of their time — their ability to ask questions.

Just having a good brain isn't always enough. ❹To be a great scientist, you need to be able to look at a problem that hundreds, maybe even thousands, of people have already looked at and have been unable to solve, and ask the question in a new way. Then you take that question and come up with a new way to answer it. That is what made Newton and the others so famous. They _____ intelligence with a curiosity that said, "I want to know the answer to this." After coming up with the right questions, they discovered ways of answering those questions and became famous for their discoveries.

*calculus 미적분학

1 윗글의 제목으로 가장 적절한 것은?   ● 8853-0082

① Science: Poison or Medicine?
② What Does It Take to Be a Great Scientist?
③ Share Your Talent for a Better Future
④ Science in Art, Art in Science
⑤ No Emotion, No Intelligence

2 윗글의 빈칸에 들어갈 말로 가장 적절한 것은?   ● 8853-0083

① coupled   ② replaced   ③ confused   ④ minimized   ⑤ compared

Words & Expressions

have ~ in common ~을 공통으로 가지다
branch 분야
set A apart from B A를 B와 구별하다

mathematics 수학
come up with ~을 생각해 내다

invent 만들어 내다, 발명하다
physics 물리학
curiosity 호기심

1 출제 경향

• 글의 중심 생각을 나타내는 주제문의 핵심어를 빈칸으로 만들어 출제
• 글의 중심 생각을 뒷받침하는 세부 사항의 핵심어를 빈칸으로 만들어 출제
• 글의 중심 생각이 주로 중반 이후에 드러나는 글에서 출제

2 문제 해결

Step 1 글의 소재 파악

문장 ❶, ❷   글의 소재 소개 ➡ 과학자의 똑똑함

Step 2 글의 중심 내용 파악

문장 ❸   첫 번째 단락의 중심 내용 ➡ 유명한 과학자들의 질문을 던지는 능력

문장 ❹   두 번째 단락의 중심 내용 ➡ 훌륭한 과학자가 되기 위한 질문을 떠올리고 답을 찾는 능력

Step 3 제목 추론

선택지 ②   위대한 과학자가 되는 데 무엇이 필요한가?
➡ 주제를 직접적으로 묻는 방식으로 표현되어 선택

Step 4 빈칸 추론

선택지 ①   결합시켰다
➡ 중심 생각을 나타내는 문장의 술어 부분이므로 중심 생각과 결부시켜 선택

3 학습 전략

▶ 글의 중심 소재를 파악한다.
▶ 글의 논점 혹은 주제를 파악한다.
▶ 글의 전개를 따라가며 글에 제시된 핵심 내용을 파악한다.
▶ 글의 주제문과 세부 문장을 포함한 문단의 발전 구조를 확인한다.
▶ 선택한 말을 빈칸에 넣어 글의 흐름이 자연스러운지 확인한다.

[1~2] 다음 글을 읽고, 물음에 답하시오.

The most effective way to trigger in a human being a reaction strong enough to make the galvanometer jump is to threaten his or her well-being. Cleve Backster, an interrogation specialist with the CIA, decided to do just that to the plant: he put a leaf of the dracaena in the cup of hot coffee in his hand. There was no reaction to speak of on the meter. Backster studied the problem several minutes, then conceived a worse threat: he would burn the actual leaf to which the electrodes were attached. The instant he got the picture of flame in his mind, and before he could move for a match, there was a dramatic change in the tracing pattern on the graph in the form of a continuing upward sweep of the recording pen. Backster had not moved, either toward the plant or toward the recording machine.

When Backster left the room and returned with some matches, he found another sudden surge had registered on the chart, evidently caused by his determination to carry out the threat. Reluctantly he set about burning the leaf. This time there was a lower peak of reaction on the graph. Later, as he went through the motions of pretending he would burn the leaf, there was no reaction whatsoever. The plant appeared to be able to _____.

*galvanometer 검류계 **interrogation 심문 ***electrode 전극

1 윗글의 제목으로 가장 적절한 것은?   ○ 8853-0084

① Plants of Life, Plants of Death
② Can Plants Read People's Minds?
③ The Right Plants for Every Garden
④ Sensitive Souls: Communication in Plants
⑤ Endangered Plants: Doomed to Disappear?

2 윗글의 빈칸에 들어갈 말로 가장 적절한 것은?   ○ 8853-0085

① absorb adequate amounts of nutrients
② boost its own defences in preparation
③ grow in any conditions and at a rapid rate
④ identify if a person is a friend or an enemy
⑤ differentiate between real and pretended intent

Words & Expressions

trigger 유발하다
conceive 생각하다
sweep 곡선
evidently 분명히
set about ~을 시작하다

threaten 위협하다
instant 순간
surge 급상승
determination 결심
go through the motions of ~의 몸짓[시늉]을 하다, ~을 하는 체하다

dracaena 드라세나(백합과 식물)
flame 불꽃
register 기록하다
reluctantly 마지못해

Day 20 장문의 이해_1지문 3문항

출제 유형
- 단락의 순서 배열, 지시 관계 파악, 세부 내용 확인하기를 한 세트로 해결하기
- 최근 들어 순서 배열이 글의 분위기나 등장인물의 심경으로, 지시 관계 확인이 빈칸 완성 문제로 대체되기도 함

기출 예제

[1~3] 다음 글을 읽고, 물음에 답하시오.   [2018년 6월 고1 학평 43~45번]

(A)

There was a business executive who was deep in debt and could see no way out. ❶He couldn't borrow more money from any bank, and couldn't pay his suppliers. One day, (a)he sat on a park bench, head in hands, wondering if anything could save his company from bankruptcy.

*bankruptcy 파산

(B)

The executive saw in his hand a check for $500,000, signed by John D. Rockefeller, then one of the richest men in the world! "I can erase my money worries in an instant!" he thought. ❷But instead, the executive decided to put the check in his safe. Just knowing it was there might give him the strength to work out a way to save (b)his business, he thought. Within a few months, he was out of debt and making money once again.

(C)

Exactly one year later, (c)he returned to the park with the check. At the agreed-upon time, the old man appeared. But just then, a nurse came running up and grabbed the old man. "I hope he hasn't been bothering you. ❸He's always escaping from the rest home and telling people he's John D. Rockefeller," the nurse said. The surprised executive just stood there. Suddenly, (d)he realized that it wasn't the money, real or imagined, that had turned his life around. ❹It was his newfound self-confidence that enabled him to achieve anything he went after.

(D)

Suddenly an old man appeared before him. "I can see that something is troubling you," he said. ❺After listening to the executive's worries, the old man said, "I believe I can help you." (e)He asked the man his name, wrote out a check, and pushed it into his hand. He said, "Take this money. Meet me here exactly one year from today, and you can pay me back at that time." Then he turned and disappeared as quickly as he had come.

정답과 해설 35쪽

1 주어진 글 (A)에 이어질 내용을 순서에 맞게 배열한 것으로 가장 적절한 것은? ⊙ 8853-0086

① (B)–(D)–(C) ② (C)–(B)–(D) ③ (C)–(D)–(B)
④ (D)–(B)–(C) ⑤ (D)–(C)–(B)

2 밑줄 친 (a)~(e) 중에서 가리키는 대상이 나머지 넷과 다른 것은? ⊙ 8853-0087

① (a) ② (b) ③ (c) ④ (d) ⑤ (e)

3 윗글의 business executive에 관한 내용과 일치하지 않는 것은? ⊙ 8853-0088

① 은행에서 더 이상 돈을 빌릴 수 없었다.
② 수표를 금고 안에 넣어두기로 결심했다.
③ 간호사로부터 노인에 관한 이야기를 들었다.
④ 새롭게 얻은 자신감 덕분에 원하는 바를 성취할 수 있었다.
⑤ 노인에게 자신의 고민을 털어놓지 않았다.

---

1 출제 경향

• 사건의 흐름이 명확하고 세부 내용이 풍부한 긴 이야기에서 출제
• 등장인물 간 갈등 해결이나 문제 해결 과정이 담긴 긴 이야기에서 출제
• 대부분 교훈이나 유용한 메시지가 있는 글에서 출제

2 문제 해결

Step 1 글의 순서 파악

문단 (A)	회사의 파산을 막기 위해 돈이 필요한 회사 중역
문단 (D)	한 노인이 수표를 건네며 일 년 뒤에 갚도록 함
문단 (B)	수표를 금고에 두고 힘을 얻어 빚을 청산함
문단 (C)	노인의 실체를 알았지만 자신감의 중요성을 깨달음

Step 2 지칭 대상 불일치 파악

| 문단 (D) | (e)는 노인 ➡ 나머지는 회사 중역을 나타냄 |

Step 3 세부 내용 파악

선택지 ①	은행에서 돈을 더 못 빌림 ➡ 문장 ❶과 일치
선택지 ②	수표를 금고 안에 두기로 함 ➡ 문장 ❷와 일치
선택지 ③	간호사에게 노인에 관해 들음 ➡ 문장 ❸과 일치
선택지 ④	자신감 덕분에 성취함 ➡ 문장 ❹와 일치
선택지 ⑤	노인에게 고민을 털어놓음 ➡ 문장 ❺와 불일치

[1~3] 다음 글을 읽고, 물음에 답하시오.

(A)

One rich man owned 19 horses when he died. In his last will and testament he had written that upon his death, half the horses he owned should go to his only son; one-fourth to the village temple and one-fifth to the faithful servant. The village elders could not stop scratching their heads. How can they give half of the 19 horses to the son? You cannot cut up a horse. They puzzled over this dilemma for more than two weeks and then decided to send for a wise man who was living in a neighboring village.

*will and testament 유언

(B)

The last horse, the 20th horse, was his own, which (a)he promptly mounted, spoke a few inspiring words, and rode back home. The villagers were simply dumbfounded, full of disbelief and filled with admiration. And the parting words of the wise man were inscribed in their hearts and minds, which they greatly cherished and passed on to their succeeding generations till today.

*dumbfounded 어안이 벙벙한

(C)

He had the 19 horses placed in a row standing next to one another. Then he added (b)his own horse as the 20th horse. Now (c)he went about giving half of the 20 horses — that is 10 horses — to the son. One-fourth of the 20 — that is five horses — were given to the temple committee. One-fifth of the 20 — that is four horses — were given to the faithful servant. Ten plus five plus four made 19 horses.

(D)

The wise man came riding on his horse and asked the villagers if he could be of any help to them. The village elders told him about the rich man's last will and testament which stated that half of the 19 horses must be given to (d)his only son, one-fourth must go to the temple and one-fifth to the faithful servant. The wise man said (e)he would immediately solve their problem without any delay whatsoever.

1 주어진 글 (A)에 이어질 내용을 순서에 맞게 배열한 것으로 가장 적절한 것은?　◐ 8853-0089

① (B)-(D)-(C)　　　　② (C)-(B)-(D)　　　　③ (C)-(D)-(B)

④ (D)-(B)-(C)　　　　⑤ (D)-(C)-(B)

2 밑줄 친 (a)~(e) 중에서 가리키는 대상이 나머지 넷과 <u>다른</u> 것은?　◐ 8853-0090

① (a)　　　② (b)　　　③ (c)　　　④ (d)　　　⑤ (e)

3 윗글의 내용으로 적절하지 <u>않은</u> 것은?　◐ 8853-0091

① 부자는 자기 말의 절반을 아들에게 유산으로 남겼다.

② 마을 원로들은 말의 분배 문제를 해결하지 못했다.

③ 현명한 남자는 자신의 말을 부자의 하인에게 주었다.

④ 현명한 남자는 19마리의 말을 일렬로 서 있도록 배치했다.

⑤ 현명한 남자는 부자의 아들에게 말 10마리를 분배했다.

Words & Expressions

temple 사원　　　　　　　　　faithful 충실한　　　　　　　　puzzle over (~을 해결하려고) 머리를 짜내다

send for ~을 부르러 사람을 보내다　admiration 감탄　　　　　　　inscribe 새기다

succeeding 다음의, 계속되는

memo

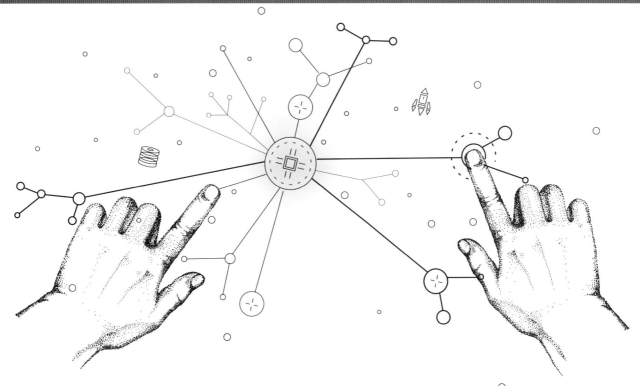

한국사, 사회, 과학의 최강자가 탄생했다!

「개념완성, 개념완성 문항편」

완벽한 이해를 위한 **꼼꼼하고 체계적인 내용 정리**

내신 대비 최적화된 교과서 핵심 분석

내신/수능 적중률을 높이기 위한 최신 시험 경향 분석

개념완성

한국사영역
필수 한국사 / 자료와 연표로 흐름을 읽는 한국사

사회탐구영역
통합사회 / 생활과 윤리 / 윤리와 사상 /
한국지리 / 세계지리 / 사회·문화 /
정치와 법 / 동아시아사

과학탐구영역
통합과학 / 물리학Ⅰ / 화학Ⅰ /
생명과학Ⅰ / 지구과학Ⅰ / 물리학Ⅱ /
화학Ⅱ / 생명과학Ⅱ / 지구과학Ⅱ

개념완성 문항편

사회탐구영역
통합사회

과학탐구영역
통합과학 / 물리학Ⅰ / 화학Ⅰ /
생명과학Ⅰ / 지구과학Ⅰ

올림포스

[국어, 영어, 수학의 EBS 대표 교재, 올림포스]

2015 개정 교육과정에 따른 모든 교과서의 기본 개념 정리
내신과 수능을 대비하는 다양한 평가 문항
수행평가 대비 코너 제공

국어, 영어, 수학은 EBS 올림포스로 끝낸다.

[올림포스 16책]

국어 영역 : 국어, 현대문학, 고전문학, 독서, 언어와 매체, 화법과 작문
영어 영역 : 독해의 기본1, 독해의 기본2, 구문 연습 300
수학 영역 : 수학(상), 수학(하), 수학Ⅰ, 수학Ⅱ, 미적분, 확률과 통계, 기하

정답과 해설

단기간에 내신을 끝내는 유형별 문항 연습

ON

단숨에 켠다.

단기 특강 영어독해 유형편

예비 고등학생을 위한 기본 수학 개념서

50일
수학 상 하

50일 수학 상 하 |2책|

- 중학 수학과 고교 1학년 **수학 총정리**

- 수학의 **영역별 핵심 개념을 완벽** 정리

- 주제별 개념 정리로 **모르는 개념과 공식만 집중 연습**

"고등학교 수학, 더 이상의 걱정은 없다!"

단숨에 켠다.

EBS 단기 특강 영어독해 유형편

정답과 해설

Part I 대의 파악

Day 1 글의 목적

본문 6~7쪽

기출 예제 　　　　　　　　　　　　　정답 ③

소재 | 프로그램 단체 예약 문의

해석 | Diane Edwards 씨 귀하,
저는 East End 고등학교에서 근무하는 교사입니다. 저는 귀하의 안내물로부터 East End 항구 박물관이 현재 '2017 Bug 등대 체험'이라는 특별한 프로그램을 제공하고 있다는 내용을 읽었습니다. 그 프로그램은 우리 학생들이 즐거운 시간을 보내며 새로운 것을 체험할 수 있는 훌륭한 기회가 될 것입니다. 저의 추산으로는 우리 학교의 50명의 학생과 교사가 그 프로그램에 참여하고 싶어 합니다. 11월 18일 토요일에 그 프로그램에 대한 단체 예약을 하는 것이 가능한지 알려 주시겠습니까? 이 좋은 기회를 놓치고 싶지 않습니다. 곧 귀하로부터 소식을 듣기를 고대합니다.
Joseph Loach 드림

해설 |
교사가 박물관에서 실시하는 체험 프로그램에 단체 예약이 가능한지 문의하는 편지글이므로, 글의 목적으로 가장 적절한 것은 ③이다.

구문 |

▶ 2행 / I have read from your notice [that the East End Seaport Museum is now offering a special program, the 2017 Bug Lighthouse Experience].
[ ]로 표시된 부분은 read의 목적어인데 전치사구 from your notice 뒤에 놓여 있다.

▶ 6행 / Would you please let me know [if it is possible {to make a group reservation for the program for Saturday, November 18}]?
[ ]로 표시된 부분은 know의 목적어 역할을 하고, it은 형식상 주어이며 { }로 표시된 부분은 내용상 주어이다.

확인 테스트
본문 8~9쪽

1 ⑤	2 ③	3 ①

1
정답 ⑤

소재 | 결혼식 연주

해석 | Gibson 씨께,
제가 지난겨울에 참석한 결혼식에서 선생님의 연주를 즐겁게 들었습니다. 저는 이번 봄에 결혼할 예정이며 약혼자와 저는 우리의 결혼식에 선생님의 연주가 함께할 수 있기를 바랍니다. 우리는 5월 20일 토요일에 결혼할 예정이며 결혼식과 피로연은 Smalltown 미술관의 구내에서 진행될 것입니다. 우리는 선생님이 하객들이 도착할 때 약 한 시간 동안 연주해 주길 바라고, 그런 다음 결혼식이 끝난 후 우리가 칵테일과 저녁을 먹는 약 두 시간 동안 다시 연주해 주길 바랍니다. 선생님이 시간이 있는지 여부를 제게 알려 주세요. 시간이 있으시다면 약혼자와 저는 선생님께 드릴 사례금과 음악 선곡에 대해 논의하기 위해 선생님과 만날 일정을 정할 것입니다.
Morgan Diamond 드림

해설 |
결혼식과 피로연에서 연주가 가능한지를 묻고 있는 내용이므로, 글의 목적으로 가장 적절한 것은 ⑤이다.

구문 |

▶ 2행 / I had the pleasure of hearing you play at a wedding [I attended last winter].
[ ]로 표시된 부분은 a wedding을 수식하는 관계절이다.

▶ 7행 / If you are (available), my fiancé and I will arrange to meet with you [to discuss your fee and the selection of music].
are 뒤에 available이 생략된 것으로 이해할 수 있으며, [ ]로 표시된 부분은 목적을 나타내는 to부정사구이다.

2
정답 ③

소재 | 컴퓨터 바이러스 감염

해석 | 안전한 컴퓨터 사용을 위한 모든 충고와 지시사항을 따랐음에도 불구하고, 여러분의 컴퓨터가 바이러스, 웜, 또는 다른 원하지 않는 침입자에 의해 감염되었다고 의심된다면 무엇을 하겠습니까? 여러분이 하고 있는 것을 멈추세요. 어떤 것도 직접 고치려고 시도하지 마세요. 어떤 메시지도 보내지 마세요. 여러분의 전화기를 들고 IT 부서 상담 전화인 내선 4532번으로 전화하세요. 여러분의 컴퓨터가 다른 컴퓨터로 바이러스의 복사본을 바쁘게 전송하는 것(그것이 많은 이러한 고약한 전자 낙서들이 작동하는 방식입니다)처럼 보이면 여러분의 컴퓨터를 끄세요. 일반적이고 규정에 맞

는 절차에 따라 여러분의 시스템을 종료하는 것에 대해 걱정하지 마세요. 그저 컴퓨터를 끄거나 플러그를 뽑으세요. 일단 여러분의 컴퓨터가 사무실 네트워크로부터 분리되고 바이러스가 적절히 제거된다면 여러분의 운영 체계의 어떤 문제이든 우리가 고칠 것입니다.

해설│
컴퓨터 바이러스 감염이 의심될 때 컴퓨터를 끄고 IT 부서에 전화하여 대처할 것을 안내하는 글이므로, 글의 목적으로 가장 적절한 것은 ③이다.

구문│
▶ 5행 / [If it appears {that your computer is busily sending out copies of the virus to others} (that's the way many of these nasty pieces of electronic graffiti work)], turn off your computer.
[ ]로 표시된 부분은 조건을 나타내는 부사절이다. 그 안에 ( )로 표시된 부분의 that은 { }로 표시된 부분을 대신한다.

▶ 8행 / We'll repair any problems to your operating system [once your computer has been {disconnected from the office network} and {properly disinfected}].
[ ]로 표시된 부분은 시간을 나타내는 부사절인데, 그 안에 { }로 표시된 두 개의 분사구가 and로 연결되어 있다.

3
정답 ①

소재│ Mrs. Wasserman 추천
해석│ 관계자께,

저는 Mrs. Wasserman을 반세기 넘게 알아왔고, 그녀가 가장 훌륭한 인품과 정직함을 지닌 의지가 되고 신뢰할 수 있는 분이라는 점을 귀하께 보장해 드릴 수 있습니다. 현재 그녀는 그룹 홈을 운영 중이며, 이전의 재봉사 직무와 간호 조무사 직무에서도 또한 뛰어났습니다. Mrs. Wasserman은 다른 사람들과 함께 일하는 데 대해 재능을 갖추고 있습니다. 특히 낙심한 사람들에 대해서는 Mrs. Wasserman의 유쾌하고 긍정적인 성격은 사기를 높이고 용기를 북돋아 주며, 그녀는 불우한 사람들과 가난한 사람들을 돕는 데 자신의 많은 시간을 바쳐왔습니다. 의심의 여지없이, Mrs. Wasserman은 귀하의 조직에 귀중한 사람이 될 것이며, 그녀가 일부가 되는 어떠한 집단이든 그녀의 밝은 기질과 이타적인 천성으로부터뿐만 아니라 다재다능한 전문적인 능력으로부터도 큰 이익을 얻을 것이라고 확신합니다.
퇴역 장교 Vince Hintz 드림

해설│
Mrs. Wasserman의 인품, 이력, 성품 등에 대해 칭찬하고 그녀가 조직에 귀중한 사람이 될 것이라고 한 점으로 미루어 볼 때 글의 목적으로 가장 적절한 것은 ①이다.

구문│
▶ 2행 / I have known Mrs. Wasserman for more than half a century, and I can assure you [that she is a reliable and trustworthy individual of the highest character and integrity].
[ ]는 assure의 직접목적어이다.

▶ 8행 / Without any question, Mrs. Wasserman would be an asset to your organization, and I am certain [that any group {she becomes a part of} will benefit greatly {from her versatile professional abilities} as well as {from her sunny disposition and unselfish nature}].
[ ]는 certain의 목적어이다. 그 안의 첫 번째 { }는 any group을 수식하는 관계절이고, 두 번째 { }와 세 번째 { }는 as well as로 연결되어 있다.

Day 2 글의 주장
본문 10~11쪽

기출 예제
정답 ②

소재│ 과거의 실패에 근거한 결정
해석│ 많은 사람은 과거의 실패에 근거하여 미래에 일어날 수 있는 일들에 대해 생각하고 그것에 의해 얽매인다. 예를 들어, 만약 여러분이 전에 특정 분야에서 실패한 적이 있다면, 같은 상황에 직면할 때, 여러분은 미래에 무슨 일이 일어날지 예상하게 되고, 그래서 두려움이 여러분을 과거에 가두어 버린다. 과거가 어땠는지에 근거하여 결정을 내리지 말라. 여러분의 미래는 여러분의 과거가 아니고 여러분에게는 더 나은 미래가 있다. 여러분은 과거를 잊고 놓아주기로 결심해야 한다. 과거의 경험이 여러분을 지배하도록 내버려 둘 때만 그것이 현재의 꿈을 앗아 간다.

해설│
미래에 일어날 수 있는 일들에 대해 과거의 실패에 근거하여 결정을 내리지 말라는 내용이므로 필자의 주장으로 가장 적절한 것은 ②이다.

구문 |

▶ 2행 / For example, if you have failed in a certain area before, when faced with the same situation, you anticipate [what might happen in the future], and thus fear traps you in yesterday.

[ ]로 표시된 부분은 anticipate의 목적어 역할을 하는 의문절이다.

▶ 4행 / Do not base your decision on [what yesterday was].

[ ]로 표시된 부분은 전치사 on의 목적어 역할을 하는 의문절이다.

확인 테스트

본문 12~13쪽

| 1 ④ | 2 ⑤ | 3 ① |

1

정답 ④

소재 | 자녀에게 직업의 다양성 인식시키기

해석 | 식당 주인, 의사, 교사 등과 같은 여러분과 여러분의 자녀가 매일 보는 직업의 종류에 대해 이야기하는 것은 자녀가 단지 텔레비전에서 보는 것이 아닌, 저 밖에 있는 다양한 선택에 자녀들을 접하게 해줄 것이다. 그것은 또한 자녀 주위의 모든 사람들이 돈을 벌기 위해 일을 하고 있다는 것을 명확하게 하고 언젠가 자신도 역시 그럴 것이라는 관념을 심어 준다. 여러분이 직장에 다니지 않고 집에 있는 부모이거나 그런 사람과 결혼을 했다면, 이 일은 빨래하기, 요리하기, 그리고 자녀 활동의 실행 계획과 예산을 관리하기 등을 포함하는 많은 과업과 관련되지만 월급은 받지 않는다는 사실에 대하여 말하라. 나의 요점은 다음과 같다. 직업은 많은 형태를 갖는다. 여러분의 자녀는 그것을 알게 될 것이다.

해설 |
자녀에게 단지 텔레비전에 나오는 직업이 아닌 매일 보는 실제 직업에 대해 이야기해야 한다는 내용이므로 필자의 주장으로 가장 적절한 것은 ④이다.

구문 |

▶ 1행 / [Talking about the kinds of jobs {that you and your kid see every day}—the restaurant owner, the doctor, the teacher—] exposes him to the range of choices out there, and not just what he sees on TV.

[ ]로 표시된 부분은 문장의 주어 역할을 하고 { }로 표시된 부분은 the kinds of jobs를 수식하는 관계절이다.

▶ 4행 / If you're a stay-at-home parent or are married to one, talk about the fact [that this job involves many tasks, {including doing laundry, cooking meals, and managing the logistics and budgets of kids' activities}—but it does not draw a salary].

[ ]로 표시된 부분은 the fact와 동격 관계이다. { }로 표시된 부분은 many tasks에 대해 부연 설명한다.

2

정답 ⑤

소재 | 일상의 언어로 설문지를 작성해야 할 필요성

해석 | 연구자들은 흔히 주제에 관한 자신의 경험과 지식에 근거하여 자신에게 익숙한 어휘를 사용하지만 응답자들은 이러한 용어를 쉽게 이해하지 못할 수 있다. 설문지에서 사용되는 핵심 어휘는 일상의 언어를 반영해야 한다. 국제적인 연구에서, 연구자가 그 언어에 그다지 익숙하지 않다면 그 연구자는 신문과 같은 대중 매체에서 발견되는 어휘를 사용할 수 있다. 설문지의 용어와 관련된 문제점은 만일 전체가 아닌 일부 응답자들만 한 단어 또는 하나의 구를 이해한다면, 그것은 응답 오차로 이어질 수 있다는 것이다. '파생상품', 'CAD(컴퓨터 이용 설계)', '인지부조화', 또는 심지어 '백인'과 같은 전문 용어는 많은 응답자들에게 친숙하지 않다. 프랑스에서 수행된 한 연구에서는 '백인'이라는 단어가 유라시아 지역의 카프카스 산맥 출신 사람들로 해석되었다.

해설 |
설문지를 작성할 때 연구자에게 익숙한 전문적인 어휘를 사용하지 않고 응답자에게 익숙한 일상의 언어를 사용해야 한다는 내용이므로 필자의 주장으로 가장 적절한 것은 ⑤이다.

구문 |

▶ 3행 / In international studies, if the researcher is not too familiar with the language, he or she may use words [that are found in mass media such as newspapers].

[ ]로 표시된 부분은 words를 수식하는 관계절이다.

▶ 5행 / Related problems in questionnaire wording are [that {if some but not all respondents understand a word or phrase}, it may lead to response errors].

[ ]로 표시된 부분은 are의 주격 보어의 역할을 하고 { }로 표시된 부분은 조건을 나타내는 부사절이다.

3

정답 ①

소재 | 경기에 임하는 자세

해석 | 경기를 하고 있을 때, 여러분이 머릿속에 지난 경기를 다시 체험하고 있거나 그 경기에서 한참 나중까지도 일어나지 않을 어떤 일에 초점을 맞추고 있다면, 여러분은 현재에 대해 준비되어 있지 않을 것이다. 그리고 현재가 우리가 가진 전부이다. 경기를 할 때 여러분이 오로지 해야 할 일은 현재의 순간에 준비가 되어 있는 것이다. 그들이 나에게 공을 패스하면 어떻게 할 것인가? 그 공이 나에게 맞으면 어떻게 할 것인가? 골키퍼가 나온다면 어떻게 할 것인가? 그것이 적절한 현재 순간의 생각이다. 비록 여러분이 바로 지금 경기를 하고 있지 않더라도, 여러분이 (경기에) 들어갈 가능성이 많다. 여러분은 준비가 되어 있을 것인가? 여러분은 적극적으로 경기를 보면서 경기에 집중해 있으며 여러분이 거기에 있을 때 가장 잘하는 법을 배우고 있는가, 아니면 그저 출전 요청을 기대하면서 시간을 낭비하고 있는가? 팀과 선수들에게는 성향이 있고 그들을 지켜봄으로써 여러분은 많은 것을 배울 수 있다.

해설 |
경기를 할 때 현재의 순간에 준비가 되어 있어야 한다는 것이 중심 내용이므로 필자가 주장하는 바로 가장 적절한 것은 ①이다.

구문 |

▶1행 / When in a game, [if you are reliving past plays in your head or focusing on something {that will not take place until way later in the game}], then you will not be prepared for now.
[ ]는 조건의 부사절이고, 그 안의 { }는 something을 수식하는 관계절이다.

▶6행 / [Are you actively watching and focused on the game and learning how to do the best job when you are out there], or [are you simply wasting time {hoping to be called upon}]?
[ ]로 표시된 두 개의 의문문이 or로 연결되어 있다. 두 번째 [ ] 안의 { }는 분사구로 의미상 주어는 you이다.

Day 3 글의 주제
본문 14~15쪽

기출 예제   정답 ④
소재 | 인간의 대인 관계 형성 욕구
해석 | 인간은 대인 관계를 형성하고 유지하려는 타고난 욕

구에 의해 움직인다. 이러한 관점에서, 인간은 근본적인 욕구를 충족시키기 위해 타인과의 관계를 추구하며, 이 욕구는 일생 동안 많은 감정, 행동, 그리고 결정들의 기초가 된다. 아마도, 소속 욕구는 사회적 종으로서의 인간 진화 역사의 산물일 것이다. 인간은 식량의 공급, 포식자로부터의 보호, 그리고 필수적인 지식의 습득을 타인들의 협력에 오랫동안 의존해 왔다. 사회적 유대의 형성과 유지가 없었다면, 초기 인간들은 아마도 그들의 물리적 환경에 대처하거나 적응하지 못했을 것이다. 따라서 친밀함과 의미 있는 관계를 추구하는 것은 오랫동안 인간의 생존에 필수적이었다.

해설 |
이 글의 중심 생각은 인간은 생존을 위해 대인 관계를 맺고 유지하려는 욕구가 있다는 것이다. 따라서 글의 주제로 가장 적절한 것은 ④ '인간 생존을 위한 사회적 유대감 형성의 필요성'이다.
① 진화의 필수 요소로서의 감정
② 다른 사람과 협력할 때의 어려움
③ 다른 사람과 친근한 관계를 유지하는 방법
⑤ 인간의 진화가 환경에 미치는 영향

구문 |

▶1행 / Human beings are driven by a natural desire [to form and maintain interpersonal relationships].
[ ]로 표시된 부분은 a natural desire를 수식하는 to부정사구이다.

▶5행 / Human beings have long depended on the cooperation of others [for {the supply of food}, {protection from predators}, and {the acquisition of essential knowledge}].
[ ]로 표시된 부분은 목적을 나타내는 전치사구인데, 그 안에 { }로 표시된 세 개의 명사구가 and로 연결되어 for의 목적어 역할을 한다.

확인 테스트
본문 16~17쪽

1 ①	2 ⑤	3 ③

1
정답 ①
소재 | 경제적 가치로서의 시간과 음식 선택
해석 | 음식의 총 '가격'은 (재료를) 구입해서, 준비하고, 요리하고, 식사 후 치우는 데 쓴 시간의 가치를 포함한다. 시

간에 대한 경제적 관점에서 보면 사람들은 유용성을 극대화하고자 하는 이성적인 개인이다. 가정은 시장의 상품과 서비스(음식 재료), 자원(요리 도구와 기술), 그리고 시간(음식 준비)의 결합을 통해 기본적인 상품(식사, 오락)을 생산하는 작은 회사다. 시간이 더 귀해지면서, 사람들은 당연히 음식 준비에 더 적은 시간을 보낸다. 그들은 가정에서 만든 보다 건강에 좋은 식사를 칼로리 밀도가 높은 패스트푸드로 대체하는 경향이 있다. 경제적 관점의 핵심은 시간을 상품과 서비스를 생산하고 소비하는 자원과 제약 요소로 인식하고 평가한다는 점이다. 한정된 시간 때문에, 많은 소비자들이 포장 음식이나 집 밖에서 준비된 음식을 선택한다.

해설 |
글의 중심 생각은 경제적 관점에서 볼 때 가정에서 식사를 준비하는 데 걸리는 시간이 효율적이지 않기 때문에 사람들이 가정에서 음식을 만들지 않는다는 것이다. 따라서 이러한 생각을 가장 잘 반영한 주제는 ① '시간 부족이 음식 선택에 미치는 영향'이다.
② 외식 결정에서의 가격의 역할
③ 공급자 관점에서 본 식품 시장의 변화
④ 의사 결정에 관한 경제적 관점의 중요성
⑤ 영양학적 균형을 위한 집에서 만든 식사의 높아지는 가치

구문 |
▶ 1행 / The full "price" of food includes the value of time [spent acquiring, preparing, cooking, and cleaning up after meals].
[ ]로 표시된 부분은 time을 수식하는 분사구이다.
▶ 3행 / The household is like a small firm that produces basic goods (meals, entertainment) through a combination of [{market goods and services (food ingredients)}, {resources (cooking equipment and skills)}, and {time (food preparation)}].
[ ]로 표시된 부분은 of의 목적어인데, { }로 표시된 세 개의 명사구가 and로 연결되어 있다.

에 놀라운 위업을 달성한 운동선수들이 셀 수 없이 많다. Jim Thorpe는 너무나 교육을 받지 않았고, 미국 원주민의 구전 설화에 너무나 푹 빠져 있었고 너무나 순진해서 10종 경기를 한 번도 시도해 보지 않고 대회에 참가하러 유럽으로 가서는 안 된다는 것을 알지 못했다. 그런 일은 어떤 스포츠에서도 들어 본 적이 없다. 대부분의 운동선수들은 수년 동안 훈련한 세계적 수준의 운동선수들과 겨루는 것을 생각조차 하지 않을 것이다. Thorpe는 그 어떤 것에도 사전에 형성된 한계를 갖지 않았고, 그로 인해 불가능한 일을 성취해 냈다. 그는 1912년 올림픽 10종 경기에서 자신의 가장 가까운 경쟁 선수[2위]보다 700점이라는 믿을 수 없을 정도로 더 많은 점수를 기록하며 우승했다. Thorpe의 성공의 비결은 육체적이기보다는 훨씬 더 정신적인 것이었다.

해설 |
글의 중심 생각은 자신이 할 수 있다고 믿으면 성과를 이룰 수 있다는 것이다. 따라서 이러한 생각을 가장 잘 반영한 주제는 ⑤ '뛰어난 성과를 이루는 데 있어 자신감의 힘'이다.
① 스포츠에서 정신[심리] 기술 훈련의 중요성
② 무모한 위험 감수를 피하기 위한 교육의 필요성
③ 신체적 능력 대비 정신적 능력의 한계
④ 훈련 없이 힘든 운동을 시도하는 것의 위험

구문 |
▶ 3행 / Jim Thorpe was [{too uneducated}, {too steeped in Indian lore}, and {far too naive} {to know that he should not be traveling to Europe to compete in the decathlon without ever having tried the event}].
[ ]로 표시된 부분은 '너무 ~해서 …할 수 없다'라는 의미의 인과 관계를 나타내는 「too ~ to ....」 구문이다. 그 안에 { }로 표시된 처음 세 부분이 and로 연결되어 원인을 나타내고, 마지막 { }는 결과를 나타낸다.
▶ 7행 / Thorpe had no preconceived limits to anything, [which allowed him to achieve the impossible].
[ ]로 표시된 부분은 앞의 절 전체를 선행사로 취하는 관계절이다.

2
정답 ⑤
소재 | 자신감의 힘
해석 | 자신이 '할 수 없다'는 것을 모르는 사람들은, 할 수 있다. 자신이 '할 수 있다'는 것을 모르는 사람들은 할 수 없다. 마음속에 사전에 형성된 한계를 갖고 있지 않았기 때문

3
정답 ③
소재 | 감정적으로 먹는 행동
해석 | 감정적으로 먹는 행동은 어린 시절에 뿌리를 둘 가능성이 있다. 부모가 자녀의 섭식이나 체중에 문제를 삼을 때,

그 부모는 섭식에 제한을 두거나 자녀의 행동을 비판할 수도 있다. 이렇게 하면 흔히 자녀는 몰래 음식을 챙기고 먹는 것에 대해 거짓말을 하게 된다. 이 문제는 성인기까지 이어질 수 있는데, 특히 체중이 계속 문제가 될 때 그러하다. 비판이나 심지어 체중에 대한 어떠한 논의도 피하기를 원하므로, 이제 성인이 된 자녀는 아마도 계속해서 거짓말을 하거나 못마땅해 하는 부모 혹은 다른 어른들에게 화를 내거나 분개할 것이다. '음식 경찰관' 역할을 하는 부모와의 과거 경험은 감정적인 먹기가 흔히 비롯되는 건강하지 못한 심리적 상황의 원인이 될 수 있다. 이러한 상황에서 많은 사람들은 자신의 먹는 것에 대해 제한하려는 어떠한 시도도, 심지어는 자기 자신이 부과한 제한조차 거부하는 내부의 '반항아'를 지니고 있음에 대해 말한다. 과거의 굴욕과 현재 더 적응력 있는 행동의 필요성 사이에 감정적 연결은 그런 경우에 잘 대처되어야 할 난국이다.

해설 |
감정적으로 먹는 행동은 어린 시절에 뿌리를 둘 가능성이 있다는 중심 내용에 이어 '음식 경찰관' 역할을 하는 부모와의 과거 경험이 감정적인 먹기가 흔히 비롯되는 건강하지 못한 심리적 상황의 원인이 될 수 있다고 했으므로 글의 주제로 가장 적절한 것은 ③ '자녀의 감정적 먹기에 대한 부모의 영향'이다.
① 자녀의 감정적 먹기를 중단시킬 수단
② 자녀에 대한 부모의 걱정의 종류
④ 자녀와 관계를 유지하고자 하는 부모의 노력
⑤ 부모가 자녀를 통제하고 싶어 하는 이유

구문 |
▶ 4행 / [Wanting to avoid criticism or even any discussion of weight], the now-adult child is likely to continue to lie or to get angry with or resent parents or other adults [who disapprove].
첫 번째 [ ]는 분사구로 의미상 주어는 the now-adult child이다. 두 번째 [ ]는 관계절로 parents or other adults를 수식한다.

▶ 8행 / Many people in this situation talk of having an internal "rebel" [that rejects any attempts to set limits on their eating, even self-imposed limits].
[ ]는 an internal "rebel"을 수식하는 관계절이다.

Day 4 글의 제목

기출 예제   **정답** ①

소재 | 얼룩말의 줄무늬

해석 | 포유류는 다른 동물군에 비해 색이 덜 화려한 경향이 있지만, 얼룩말은 두드러지게 흑백의 모습을 하고 있다. 이렇게 대비가 큰 무늬가 어떤 쓸모가 있을까? 색의 역할이 항상 명확한 것은 아니다. 줄무늬를 지님으로써 얼룩말이 얻을 수 있는 것이 무엇인지에 대한 이 질문은 과학자들을 1세기가 넘도록 곤혹스럽게 했다. 이 신비를 풀기 위해, 야생동물학자 Tim Caro는 탄자니아에서 얼룩말을 연구하면서 10년 이상을 보냈다. 그는 답을 찾기 전에 이론을 계속해서 배제해 나갔다. 줄무늬는 얼룩말들을 시원하게 유지시켜 주지도 않았고, 포식자들을 혼란스럽게 하지도 않았다. 2013년에 그는 얼룩말의 가죽으로 덮인 파리 덫을 설치했고, 비교를 위해 영양의 가죽으로 덮인 다른 덫들도 설치했다. 그는 파리가 줄무늬 위에 앉는 것을 피하는 것처럼 보인다는 것을 알게 되었다. 더 많은 연구 후에, 그는 줄무늬가 정말로 질병을 옮기는 곤충으로부터 얼룩말을 구할 수 있다는 결론을 내렸다.

해설 |
얼룩말의 줄무늬가 질병을 옮기는 파리와 같은 곤충의 접근을 막는다는 연구 결과에 관한 내용이므로 제목으로 가장 적절한 것은 ① '얼룩말의 줄무늬: 파리에 대한 자연의 방어책'이다.
② 어느 포유류가 가장 화려한 피부를 지니고 있는가?
③ 어떤 동물들이 얼룩말의 포식자인가?
④ 무늬: 숨기 위한 것이 아니라 과시하기 위한 것
⑤ 각각의 얼룩말은 자신의 고유한 줄무늬를 가지고 태어난다

구문 |
▶ 3행 / The question of [what zebras can gain from having stripes] has puzzled scientists for more than a century.
[ ]는 전치사 of의 목적어이다.

▶ 9행 / After more research, he concluded [that stripes can literally save zebras from disease-carrying insects].
[ ]는 concluded의 목적어이다.

본문 20~21쪽

1 ④	2 ⑤	3 ③

1

정답 ④

소재 | 유의미한 목표의 중요성

해석 | 9명의 가족 중 가장 어린 3살 난 어린이가 심한 중병으로 입원했다. 그가 살아남을지는 불분명했다. 집에서 그 가족의 각 어린이는 특정한 책임을 지고 있었고, 이 꼬마 소년의 집안일은 계단에서 지저분한 것을 치우는 것이었다. 입원 중인 아들 병문안을 하면서, 엄마는 집에 그가 없으니 계단이 거의 지나갈 수 없는 상태가 되고 있다는 이야기를 그와 나누었다. 이 대화는 그의 태도를 눈에 띄게 바꾸었는데, 그는 회복하기로 결심했고 자신에게는 해야 할 중요한 일이 있다고 간호사들에게 말했다. 사람이, 심지어 어린아이조차도 (자신을) 필요로 한다고 느낄 때, 그들은 다른 사람들을 위해 일하고자 하는 유의미한 목표에 감동을 받아 새로운 에너지와 집중력을 느낄 수 있다. '다른 사람이 필요로 하는' 사람들이 세상에서 가장 운이 좋은 사람들이라고 말하는 것은 이치에 맞다.

해설 |
집에서 계단의 잡동사니를 치우는 일을 담당하던 아이가 심한 중병에 걸려 입원했는데 어머니로부터 그가 없으니 계단이 거의 지나갈 수 없는 상태가 되고 있다는 말을 듣고 회복하기로 결심하게 되었다는 일화를 통해 (자신을) 필요로 한다고 느낄 때, 사람은 다른 사람들을 위해 일하고자 하는 유의미한 목표에 감동을 받아 새로운 에너지와 집중력을 느낄 수 있다는 내용이므로 제목으로 가장 적절한 것은 ④ '(누군가에게) 필요하다는 느낌이 당신을 더 강하게 만든다'이다.
① 어머니의 사랑: 눈물은 다이아몬드로 변했다
② 대화: 건강한 가족을 만드는 것
③ 가족의 책임이라는 스트레스 다루기
⑤ 잡동사니로부터 스스로를 해방시켜 당신의 생활을 정돈하라

구문 |
▶ 4행 / [Visiting her son in the hospital], the mom shared with him [that without him at home, the stairs were becoming almost impassable].
첫 번째 [ ]는 분사구로 의미상 주어는 the mom이다. 두 번째 [ ]는 shared의 목적어이다.

▶ 8행 / It is not unreasonable [to say {that people who are *needed by people* are the luckiest people in the world}].
It은 형식상 주어이고 [ ]로 표시된 부분은 내용상 주어이다. [ ] 안의 { }는 say의 목적어이고, 그 안의 who are *needed by people*은 people을 수식하는 관계절이다.

2

정답 ⑤

소재 | 건설적인 청자의 자세

해석 | 파괴적으로 듣는 것은 흔히 매우 쉽다. 여러분은 심지어 (강연) 행사를 비웃을 수도 있다. 여러분은 화자의 옷, 발음, 고향, 혹은 조직을 비판할 수도 있다. 화자가 화법의 원칙을 효과적으로 사용하지 못하는 것은 개탄스럽다는 점에 우리 모두가 동의한다. 하지만 그럼에도 외적인 요인들 이면을 자세히 보고 화자가 하고 있는 말을 평가하는 것이 현명하다. 건설적인 청자로서, 그 사람의 개인적 약속이나 선입견이 무엇인가에 상관없이 화자의 생각에 대해 열린 마음을 가져라. 화자에 대해 여러분의 마음을 닫거나 일치하지 않는 부분들에 초점을 맞추는 대신, 일치하는 점들을 찾아서 그것들을 강조하라. 이렇게 하여, 여러분은 닫힌 마음으로 인해 당면한 주제에 관한 여러분의 지식이 넓어지지 못하게 되는 것을 용인하지 않는다.

해설 |
화자의 외적인 요인들 이면을 자세히 보고 화자가 하고 있는 말을 평가하는 것이 현명하며 건설적인 청자로서 화자의 생각에 대해 열린 마음을 가지라는 내용의 글이므로 제목으로 가장 적절한 것은 ⑤ '지식을 넓히기 위해서는 열린 마음으로 들어라'이다.
① 효과적으로 지시를 주고받기
② 언론의 자유: 말은 행동이 아니다
③ 언제 말하고 언제 말하지 말아야 하는지 알기
④ 사람들이 들을 수 있도록 말하는 기술

구문 |
▶ 2행 / All of us agree [that {the speaker's failure to use effectively the principles of speech communication} is to be deplored].
[ ]는 agree의 목적어이고, 그 안의 { }는 that절의 주어이다.

▶ 4행 / But **it** is still wise [to peer behind the external factors and evaluate {what the speaker is saying}].
it은 형식상 주어이고 [ ]는 내용상 주어이다. [ ] 안의 { }는 evaluate의 목적어이다.

3

정답 ③

소재 | 정보 습득의 방법

해석 | 천재들은 정보가 자신의 무릎에 떨어지기를 빈둥거리며 기다리지[정보를 쉽게 얻을 것이라 생각하지] 않는다. 그들은 또한 하나의 자료가 그들에게 모든 것을 알려 주리라 기대하지 않는다. 예를 들어, 그들은 한 뉴스 방송국만 들으며 그 한 채널을 통해 정보가 자신들에게 들어오기를 기다리지 않는다. 천재는 지식을 찾는 모든 방법을 추구한다. 그들은 질문을 하고 답을 찾기 위해 연구를 한다. 전문가에게서 질문에 대한 직접적인 답을 받았을 때도 추가적인 증거 없이 그 답을 반드시 믿는 것은 아니다. 그들은 자신들이 이해한다고 생각한 것을 진짜로 이해하는지 알아보기 위해 더 많은 정보를 찾는다. 여러분이 많은 노력을 기울여 찾아내고 찾으려고 노력해서 배운 지식이 가장 유용하고 도움이 된다. 만약 홍보 책자나 언론사로부터 편하게 정보를 얻게 되면 여러분은 그것을 수동적으로 받아들여서 충분히 활용하지 못할 가능성이 더 많다. 또한 물론, 쉽게 얻은 정보는 편향되었을 가능성이 더 많다.

해설 |
글의 중심 생각은 본인이 적극적으로 찾은 정보가 유용한 정보라는 내용이다. 따라서 이러한 생각을 가장 잘 반영한 제목은 ③ '최고의 지식은 스스로 획득한 것이다'이다.
① 무엇이 정보를 더 가치 있게 만드는가?
② 당신의 아이를 어떻게 천재로 기를 수 있을까?
④ 천재들은 새로운 지식을 만들어 내는 사람들이다
⑤ 질의응답: 연구자의 기본 도구

구문 |

▶ 7행 / The knowledge [that you seek out and work to find and learn] is the most useful and helpful of all.
[ ]로 표시된 부분은 선행사 The knowledge를 수식하는 관계절이다.

▶ 8행 / If it comes to you in a pamphlet or through a media station and finds you, then you are more likely to [take it in passively] and [not make much use of it].
[ ]로 표시된 두 부분은 and로 대등하게 연결되어 are more likely to에 이어진다.

Day 5 글의 요지

기출 예제

정답 ②

소재 | 신제품 광고

해석 | 너무도 많은 회사들이 마치 경쟁자들이 존재하지 않는 것처럼 신제품들을 광고한다. 그들은 외부와 단절된 상태에서 그들의 제품을 광고하고 나서 자신들의 메시지가 전달되지 않을 때 실망한다. 새로운 제품 범주를 도입하는 것은 어려운데, 특히 그 새로운 범주가 이전의 것과 대비되지 않을 때 그렇다. 새롭고 특이한 것이 예전의 것과 연관되지 않으면 소비자들은 일반적으로 그것에 관심을 주지 않는다. 그래서 여러분에게 정말로 새로운 제품이 있다면 그것이 무엇인지보다는 무엇이 아닌지를 말하는 것이 대체로 더 좋다. 예를 들어 최초의 자동차는 '말이 없는' 마차라고 불렸으며, 이 명칭은 대중이 기존의 수송 방식과 대비하여 그 개념을 이해하도록 해주었다.

해설 |
새로운 제품이 기존의 제품과 대비되지 않는다면 소비자의 관심을 받기 어렵기 때문에, 기존 제품과의 대비가 신제품 광고에 효과적이라는 내용의 글이므로 요지로 가장 적절한 것은 ②이다.

구문 |

▶ 5행 / That's why if you have a truly new product, **it**'s often better [to say what the product is not, rather than what it is].
it은 형식상 주어이고 [ ]로 표시된 부분은 내용상 주어이다.

▶ 6행 / For example, the first automobile was called a "horseless" carriage, a name [which allowed the public to understand the concept against the existing mode of transportation].
[ ]는 a name을 수식하는 관계절이다.

확인 테스트

1 ①	2 ⑤	3 ⑤

1

정답 ①

소재 | 새로운 것에 대한 시도

해석 | 여러분이 더 많은 교육을 받고 더 많은 직업 경험을 얻음에 따라, 여러분은 자신의 욕망이 바뀔 것이라는 것을

알게 될 것이다. 그러니 그저 흐름에 맡겨라. 여러분이 하고 있는 일에 만족하는 한, 여러분은 정말 잘하고 있는 것이다. 그러므로 여러분이 어떤 직업이나 직업 분야에서 자기실현을 했고 새로운 학습 곡선을 그릴 때라고 느끼면, 그렇다면 그것을 얻으려고 노력해라! 그것이 내가 내 경력 동안 내내 해왔던 것이다. 나는 많은 일들을 시도했는데, 어떤 것은 좋아했고 어떤 것은 그다지 많이 좋아하지 않았다. 하지만 나는 그 길고 힘든 과정 내내 즐거웠다. 그 길고 힘든 과정은 아직 끝나지 않았다. 100세가 되기 전에 내게는 37년 더 남아 있다.

해설| 새로운 학습 곡선을 그릴 때라고 느끼면 그렇게 해 보라고 하면서 필자는 자신의 경력 동안 내내 많은 일들을 시도했고 아직 그 길고 힘든 과정이 끝나지 않았다고 말하고 있으므로 요지로 가장 적절한 것은 ①이다.

구문|

▶ 1행 / As you [{acquire more education} and {gain more career experience}], you will find [that your desires will change].
첫 번째 [ ]는 As가 이끄는 부사절의 술어부이고 그 안에 { }로 표시된 두 개의 동사구가 and로 연결되어 있다. 두 번째 [ ]는 find의 목적어이다.

▶ 3행 / Hence, when [you have self-actualized in a certain job or career field] and [you feel {it is time to get on a new learning curve}], then, go for it!
[ ]로 표시된 두 개의 절이 and로 연결되어 있다. 두 번째 [ ] 안의 { }는 feel의 목적어이다.

2
정답 ⑤

소재| 목표 달성의 방법

해석| 많은 사람들이 재정적 혹은 조직의 성공을 목표로 삼는다. 어떤 사람들은 자기 회사에서 승진이나 더 높은 직위를 목표로 삼는다. 나는 여러분이 그러한 것들을 얼마나 많이 제어하는지에 대해 생각해 보았으면 한다. 예를 들어, 어떤 특정 직위에 고용이 되거나 승진이 되는 목표를 생각해 보라. 여러분은 그 일자리에 지원하고 있는 다른 사람들을 제어하지 못하지만, 그 직위를 위한 여러분 자신의 교육과 준비는 제어한다. 여러분은 면접을 위한 준비를 제어한다. 여러분은 자신의 대인 관계를 향상시키는 쪽을 택할 수 있다. 여러분은 자신이 입는 것과 여러분의 전반적인 외모를 제어한다. 이 모든 것들은 누가 취업을 하거나 승진을 할 것

인지에 관하여 의사 결정자들이 내리게 되는 선택에 영향을 줄 수 있거나, 아니면 그들의 선택은 그야말로 자신들의 가치를 공유하고 있다고 그들이 믿는 지원자를 결국 선택하는 것일 수 있다.

해설| 자신이 정한 목표를 얼마나 많이 제어하는지 생각해 보라고 하면서 자신이 제어할 수 있는 일들을 준비하게 되면 결국 의사 결정자들이 내리는 선택에 영향을 줄 수 있다는 맥락이므로 요지로 가장 적절한 것은 ⑤이다.

구문|

▶ 4행 / You don't have control over the other people [who are applying for the job], but you do have control over your own education and preparation for the position.
[ ]는 the other people을 수식하는 관계절이다.

▶ 8행 / All of these things may have an effect on the choice [the decision makers come to {regarding who will receive the job or promotion}], or their choice may simply boil down to selecting the candidate [who they believe shares their values].
첫 번째 [ ]는 the choice를 수식하는 관계절이고, 그 안의 { }는 '~에 관하여'라는 뜻의 전치사 regarding이 이끄는 전치사구이다. 두 번째 [ ]는 the candidate를 수식하는 관계절이다.

3
정답 ⑤

소재| 다루기 힘든 사람과 일하는 방법

해석| 다루기 힘든 사람과 함께 있는 것이 어렵다는 것은, 특히 그 사람이 여러분이 매일같이 보는 동료라면 의문의 여지가 없다. 그들은 적대감, 불안, 그리고 문제를 만든다. 대개 그들은 정말 문제이다. 그리고 여러분은 그들이 마음에 들지 않을지도 모른다. 하지만 결국 중요한 것은 그들이 여러분의 일과 여러분 부서의 일에 어떤 영향을 미치는가 하는 것이다. 그래서 이런 사람들을 직면하게 되면 완벽한 상황이 어떨지에 대한 비전을 마음속에 그려라. 그 비전은 항상 회의를 방해하는 그 사람과 같이 소규모일 수 있다. 여러분의 비전은 방해 없이 회의 처음부터 끝까지 앉아 있는 것이다. 혹은 그 비전은 큰 규모의 상황일 수 있다. 즉 여러분의 부서가 모든 재정적 목표를 달성하고 더 많은 보너스와 추가적인 유급 휴가를 받는 것과 친근하고 활기찬 업무 환경을 갖는 것 등일 수 있다. 그리고 나서 여러분이 다루기 힘든 사람과 의사소통할 때 그 사람의 행동을 그 비전과 연결 지

어라. 이것은 (단순한) 불평을 진지한 업무 문제가 되도록
할 것이다.

해설 |

다루기 힘든 사람과 함께 일을 할 때 이상적인 상황을 비전
으로 세워 그 사람의 문제 행동과 관련지어 업무적 측면으
로 전환할 수 있다고 말하고 있으므로 요지로 가장 적절한
것은 ⑤이다.

구문 |

▶ 3행 / But in the end, [all that matters] is [how they affect your work and your unit's work].

첫 번째 [ ]는 문장의 주어이고, 두 번째 [ ]는 주격 보어이다.

▶ 4행 / So [when confronting these people], conjure a vision of how the perfect situation would look.

[ ]로 표시된 분사구의 의미상 주어는 뒤따르는 명령문에 함축된 you이다.

Day 6 문맥 속의 어휘

본문 26~27쪽

기출 예제 　　　　　　　　　　　　　　　**정답** ③

소재 | 기대감의 통제로 인한 만족감 향상

해석 | 사람들은 자신의 삶이 나아질수록 더 높은 기대감을
지닌다. 하지만 기대감이 더 높아질수록 만족감을 느끼기는
그만큼 더 어렵다. 우리들은 기대감을 통제함으로써 삶에서
느끼는 만족감을 향상시킬 수 있다. 적절한 기대감은 많은
경험들을 즐거운 놀라움이 되도록 하는 여유를 준다. 문제는
적절한 기대감을 가지는 방법을 찾는 것이다. 이것을 위한
한 방법은 멋진 경험들을 드문 상태로 유지하는 것이다. 여
러분이 무엇이든 살 여유가 있더라도, 특별한 경우를 위해
훌륭한 와인을 남겨 두어라. 품위 있는 실크 블라우스를 특
별한 즐거움이 되게 하라. 이것은 여러분의 욕구를 억제하는
행동처럼 보일 수도 있지만, 내 생각은 그렇지 않다. 그러기
는커녕, 그것은 여러분이 즐거움을 계속해서 경험할 수 있도
록 보장해 주는 방법이다. 멋진 와인과 멋진 블라우스가 여
러분을 기분 좋게 만들지 못한다면 무슨 의미가 있겠는가?

해설 |

(A) 적절한 기대감이 많은 경험들을 즐겁게 할 수 있다는 의
미는 기대감을 통제한다는 의미이므로, '통제함'이라는 뜻의
controlling을 써야 한다. raising은 '높이기'라는 뜻이다.

(B) 특별한 경우를 위해 와인을 남겨 두는 것은 경험을 드문
상태로 만드는 것이므로, '드문'이라는 뜻의 rare를 써야 한
다. frequent는 '빈번한'이라는 뜻이다.

(C) 경험을 드문 상태로 만드는 것이 욕구를 억제하는 것이
아니라 기분 좋게 만드는 것이라고 했으므로, '즐거움'이라
는 뜻의 pleasure를 써야 한다. familiarity는 '익숙함'이라
는 뜻이다.

구문 |

▶ 6행 / [No matter what you can afford], save great wine for special occasions.

[ ]로 표시된 부분은 양보의 부사절로 whatever you can afford로 바꿀 수 있다.

▶ 8행 / On the contrary, it's a way [to make sure that you can continue to experience pleasure].

[ ]로 표시된 부분은 a way를 수식하는 to부정사구이다.

1

정답 ③

소재 | 생존 본능의 변화

해석 | 현대의 발달된 사회에서, 우리는 기본적인 생존에 대해 걱정할 필요를 넘어 나아갔다. 최저 소득 수준이 그러할 수 있듯이 음식은 당연시될 수 있다. 우리는 사회가 살 곳을 제공하기를 기대한다. 우리는 더 이상 우리의 옛 생존 본능을 필요로 하지 않는다. 그렇다 하더라도 그것은 우리에게 남아 있다. 만약 우리가 갖고 있는 어떤 자원이 위협을 받으면, 우리는 그것을 지키기 위해서 싸울 것이다. 음식에 대해서 걱정할 필요가 없기 때문에, 우리는 사치품(→ 필수품)이라는 개념을 현대 삶의 다른 측면인 집, 자동차, 그리고 해마다의 해외 휴가와 같은 것으로 바꾸었다. 만약 이러한 것들이 위협을 받게 된다면, 우리의 타고난 본능은 그것들을 지키는 것이다. 우리 생활 방식의 이러한 측면은 생존에 아주 중요하지는 않고 그것들을 지키기 위해 다른 사람들을 죽이지는 않을 것이지만, 우리의 잠재의식은 우리가 가진 것을 보호하라고 우리에게 다그치고 있다.

해설 |
음식과 같은 기본적인 생존을 위한 자원이 집, 자동차, 그리고 해마다의 해외 휴가와 같은 것으로 바뀌었다는 의미이므로 ③ luxury(사치품)를 necessity(필수품)로 고쳐야 한다.

구문 |
▶ 2행 / Food can be taken for granted, [as can a minimum level of income].

[ ]는 as a minimum level of income can be taken for granted의 의미이다.

▶ 7행 / [{These aspects of our lifestyle are not vital to survival}, and {we will not kill other people to defend them}], but [our subconscious is urging us to protect {what we have}].

두 개의 [ ]가 but으로 이어져 있다. 첫 번째 [ ] 안에는 두 개의 { }가 and로 이어져 있다. 두 번째 [ ] 안의 { }는 protect의 목적어이다.

2

정답 ③

소재 | 잠재의식의 자아 이미지 이해

해석 | 잠재의식의 첫 번째 일반적인 특징은 (테이프의) 비유로 가장 잘 표현될 수 있다. 태어날 때부터 여러분이 약 7세가 될 때까지, 끝이 없는 테이프는 여러분이 모으는 정보로 가득 채워진다. 하지만 그 정보는 중립적이지 않다. 그것은 좋거나 나쁘거나, 멋지거나 끔찍하거나, 긍정적이거나 부정적인 측면에서 인식된다. 그 경험이 감정적일 때, 그 정보는 더 중요한 것으로 인식된다. 7세 이후에 초기의 자아 이미지가 형성된다. 그 초기의 자아 이미지는 여러분의 모든 행동이 시작되고 지향되는 기초가 되고 여러분의 행동은 여러분의 결과를 규정한다. 그래서 여러분의 자아 이미지를 아는 것은 매우 유용할 것이다. 여러분이 자신을 관리하고 자신의 결과를 규정할 수 있기를 원한다면, 여러분의 잠재의식의 자아 이미지를 이해해야 할 것이다.

해설 |
(A) 7세까지 모인 정보는 좋거나 나쁜 등의 측면으로 인식된다고 했고 (A) 앞에 not이 있으므로, '중립적인'이란 뜻의 neutral을 써야 한다. subjective는 '주관적인'이라는 뜻이다.
(B) 7세까지 모인 정보로 7세 이후에 초기의 자아 이미지가 형성된다는 내용이므로, '형성된'이란 뜻의 formed를 써야 한다. gone은 '사라진'이라는 뜻이다.
(C) 7세까지 모이는 정보는 잠재의식 상태에서 기억되어 자아 이미지로 형성된다는 내용이므로, '잠재의식의'란 뜻의 subconscious를 써야 한다. transformed는 '변형된'이라는 뜻이다.

구문 |
▶ 6행 / That initial self-image is the base [from which all your actions will be started and directed], and your actions define your results.

[ ]로 표시된 부분은 the base를 수식하는 관계절이다.

▶ 7행 / So **it** will be very useful [to know your self-image].

it은 형식상 주어이고 [ ]로 표시된 부분은 내용상 주어이다.

3

정답 ④

소재 | 화자와 청자 사이의 의사소통 오류

해석 | 쟁점이 되는 것은 툭하면 서로를 오해하는 화자와 청자가 기꺼이 언어적 또는 비언어적 불일치의 징후를 발견하고 고치려는 의지이다. 청자가 분명하게 진술된 것을 듣지 못할 때처럼 오해 또는 착오가 발생했다는 증거가 없는 경우에는 그러한 작은 규모의 실패는 눈에 띄지 않을 수 있다. 더 큰 규모에서, 성인 화자 사이의 복잡한 언어적 실패는 전략적 이용, 속임수, 충분히 의미를 전달하지 못한 대답, 그리

고 문자 그대로의 의미 또는 의도된 의미를 계속해서 이해하지 못하는 것과 관련이 있다. 언어의 모호함이 대화의 흐름이나 속도를 방해하기 위해 작동하지 않는 한, 복잡한 담화의 이해에 대한 개인적인 어려움은 무시될 수 있고 따라서 사람이 실제로 발견하는 것보다 더 큰 상호 이해(→ 오해)의 수준을 만들어 낼 수 있다. 혼란스러운 문제를 더욱 악화시키는 것은 상호 이해의 모습을 지키기 위해, 매우 적합하지 않은 해석이나 상충되는 해석의 고르지 못한 균형이 합리화되고, 부정되고, 숨겨질 수 있다는 것이다.

해설 |
성인 화자 사이의 대화나 담화에서 상호 이해하고 있음을 나타내기 위해 작은 오해나 이해의 어려움을 무시하는 경향이 있다는 글이다. 하지만 개인의 어려움을 무시하면 더 큰 오해를 만들어 낼 수 있다는 내용이 되어야 하므로, ④를 반대 개념인 misunderstanding과 같은 단어로 고쳐야 한다.

구문 |
▶ 1행 / At issue is [the willingness of speakers and listeners {who routinely misread one another} to detect and repair signs of verbal or nonverbal discord].
전치사구 At issue로 문장이 시작되어 [ ]로 표시된 주어가 be동사 is 뒤에 놓였다. 그 안의 { }는 speakers and listeners를 수식하는 관계절이다.

▶ 2행 / Where there is no evidence [that miscomprehension or misunderstanding has occurred], as when a listener fails to hear something clearly stated, such small-scale failures may go unnoticed.
[ ]로 표시된 부분은 evidence와 동격 관계이다.

Day 7 지시 관계 파악

기출 예제 정답 ⑤

소재 | 아들의 완벽주의 성향

해석 | Jack은 자신의 아들 Mark가 갖기 시작한 완벽주의의 순환을 멈추게 했다. Mark는 8살이 되었을 때 이미 시합에서 지는 것을 참지 못했다. 그는 Mark가 화가 나서 우는 것을 보고 싶지 않았기 때문에 Mark가 체스 시합에서 항상 이기게 함으로써 Mark의 태도에 일조하고 있었다. 어느 날, Jack은 Mark가 패배를 경험하게 하는 것이 더 중요하다는 것을 깨달았고, 그래서 그는 최소한 시합의 절반은 이기기 시작했다. Mark는 처음에는 화를 냈지만, 곧 더 선선히 이기고 지기 시작했다. Jack은 자신이 Mark와 캐치볼 경기를 하다가 공을 잘못 던진 어느 날 중대한 시점에 이르렀음을 느꼈다. 공을 놓친 것에 대하여 화를 내는 대신에, Mark는 자신의 유머 감각을 사용할 수 있었고, "아빠는 잘 던졌어요. Mark가 엉망으로 잡았어요."라고 말했다.

해설 |
①, ②, ③, ④는 Jack을 가리키고 ⑤는 Mark를 가리키므로 가리키는 대상이 다른 것은 ⑤이다.

구문 |
▶ 1행 / Mark could not stand to lose at games [by the time he was eight years old].
[ ]로 표시된 부분은 '~했을 때'라는 시간을 나타내는 부사절이다.

▶ 4행 / One day, Jack realized [**it** was more important {to allow Mark some experience with losing}], so he started winning at least half the games.
[ ]로 표시된 부분은 realized의 목적어이다. 그 안에서 it은 형식상 주어이고 { }는 내용상 주어이다.

확인 테스트
본문 32~33쪽

1 ⑤	2 ④	3 ⑤

1
정답 ⑤

소재 | George Washington의 일화

해석 | 한번은 George Washington이 총사령관으로서 군대를 시찰하며 순회 중일 때 건물을 짓고 있는 현장에 갔다. 약 여섯 명의 병사들이 거대한 철강 빔을 들어 올리기가 너무 무거워서 몹시 애를 쓰며 그것을 들어 올리고 있었다. 감독하고 있던 이 병사들의 대위는 그들에게 그것을 들어 올리라고 소리를 지르고 있었다. 하지만 그는 절대 가서 그들을 도와주지 않았다. Geroge Washington은 그 대위의 행동에 놀라고 불쾌했다. 그는 그에게 가서 물었다. "그들을 좀 도와주면 어떤가?" 대위는 자신에게 말하는 사람이 그의 총사령관인 것을 몰랐다. 그는 "그것을 하는 것은 그들의 일입니다. 내 일이 아닙니다."라고 답했다. George Washington은 그 군인들을 도와 빔을 들어 올렸다. 그리고 나서 그는

대위에게 "내 도움이 필요하면 언제든 나를 부르러 사람을 보내게. 귀관의 총사령관으로서 나는 나의 부하가 도움이 필요할 때 돕는 것이 나의 의무라고 생각하네."라고 말했다. 그렇게 말하고 그는 말을 타고 전속력으로 달려 떠났다!

해설 |
①, ②, ③, ④는 모두 대위(captain)를 가리키지만, ⑤는 George Washington을 가리키므로 가리키는 대상이 다른 것은 ⑤이다.

구문 |
▶ 2행 / Some six soldiers were lifting a huge iron beam [struggling hard {as **it** was too heavy for them to lift}].
[ ]로 표시된 부분은 주절을 부수적으로 수식하는 분사구이고, 그 안의 { }는 분사구 안에서 이유를 나타내는 부사절이다. { } 안의 it은 lift의 의미상 목적어로서 the huge iron beam을 대신한다.

▶ 3행 / [The captain of these soldiers {who was supervising}] was shouting at them to lift it.
[ ]로 표시된 부분은 문장의 주어이고, 그 안의 { }는 The captain of these soldiers를 수식하는 관계절이다.

▶ 9행 / I, as your commander-in-chief, consider **it** my duty [to help my men when needed]!
it은 consider의 형식상 목적어이고 [ ]로 표시된 부분은 내용상 목적어이다.

2
정답 ④

소재 | 스스로 터무니없는 오해를 키워가는 농부

해석 | 한 농부가 자기 밭일을 해야 하는데 쟁기가 부러졌다. 그는 밭 네 개 정도 떨어진 곳에 살고 있던 그의 이웃인 Murphy가 일찌감치 그의 일을 마쳤다는 것을 알고 그에게 부탁하기로 했다. 그 농부는 자기 이웃쪽으로 걸어가기 시작했다. 첫 번째 밭을 지나고 'Murphy가 일을 끝냈어야 할 텐데, 그렇지 않으면 그가 나를 도와주지 못할 거야.'라고 생각했다. 걱정이 점점 커져서 그 농부는 '아마도 Murphy의 쟁기가 낡아서 거의 부러질 정도일거야. 그러면 그는 나에게 빌려주지 않으려고 하겠지.'라고 생각했다. 또 다른 밭을 지나서, 'Murphy는 항상 어려운 사람이었어. 그는 아마 그냥 나를 도와주고 싶지 않을 거야.'라고 생각했다. Murphy의 농장에 도착하자마자, 농부의 머리는 매우 흐려져서 '저 Murphy라는 녀석은 항상 인색한[심술 많은] 사람이었어. 그는 단순히 악의에서 나를 도와주지 않을 거야.'라고 그는

생각했다. 그는 Murphy의 집 문을 두드리고 화가 나서 이렇게 소리쳤다. "Murphy, 그 빌어먹을 쟁기는 당신이나 잘 챙기라구!"

해설 |
①, ②, ③, ⑤는 모두 Murphy를 가리키지만 ④는 the farmer를 가리키므로 가리키는 대상이 다른 것은 ④이다.

구문 |
▶ 1행 / He decided to ask his neighbor, Murphy, [who lived four fields away], [knowing that Murphy finished his work early on].
첫 번째 [ ]는 Murphy를 부가적으로 수식하는 관계절이고, 두 번째 [ ]는 문장의 주어인 He를 의미상 주어로 하는 분사구이다.

▶ 7행 / [Upon arriving at Murphy's farm], the farmer's mind was so clouded that he thought, "~."
[ ]로 표시된 부분은 주절의 상황과 동시에 일어나는 동작을 나타내는 전치사구이다.

3
정답 ⑤

소재 | 노숙자 여성을 돌봐 준 Rosemary

해석 | Rosemary는 거리에 한 젊은 노숙자 여성이 추위에 떨며 한 잔의 뜨거운 차를 사려고 돈을 구걸하는 것을 알아차렸다. 친절한 사람인 Rosemary는 그 젊은 노숙자 여성에게 차와 음식을 사 주었고 심지어 그녀가 쇼핑을 하도록 데려갔는데, 결국 거기서 그 젊은 노숙자 여성은 고기를 훔치려고 했다. 그리고 나서 Rosemary는 그 젊은 노숙자 여성이 침대에서 잠을 잘 수 있도록 그녀를 집에 데려왔다. 그 젊은 노숙자 여성이 잠을 자는 동안 Rosemary는 그녀를 데리고 갈 노숙자 쉼터를 찾으려고 시도했지만 적절한 사회 복지 시설의 부족 때문에 찾지 못했다. 결국 Rosemary는 (집을) 나가야만 했고 그녀는 그녀를 깨우기 위해 열심히 노력했다. Rosemary는 간청했다. "일어나세요. 일어나세요. 제발 일어나세요. 왜 일어나지 않죠?" 마침내 잠에서 깬 그 젊은 여성은 대답했다. "침대이니까요." 후에 Rosemary는 그 젊은 노숙자 여성이 그녀의 새 카메라를 훔쳤다는 것을 알았다. Rosemary는 그 젊은 노숙자 여성과 같은 또 다른 사람을 다시 집에 데려올까? 대답은 그렇다이다. 왜일까? 그녀는 누군가는 해야만 한다고 말한다.

해설 |
①, ②, ③, ④는 모두 젊은 노숙자 여성을 가리키고 ⑤는 Rosemary를 가리키므로, 가리키는 대상이 다른 것은 ⑤이다.

구문 |

▶ 1행 / Rosemary noticed a young homeless woman on the street, [trembling with cold], and [begging for money to buy a hot cup of tea].

두 개의 [ ]로 표시된 부분은 목적격 보어로서 and에 의해 대등하게 연결되어 있다.

▶ 5행 / ~, Rosemary tried to find a shelter [that would take her]—but Rosemary had no luck due to a lack of adequate social services.

[ ]로 표시된 부분은 a shelter를 수식하는 관계절이다.

Day 8 심경·분위기

본문 34~35쪽

기출 예제

정답 ②

소재 | 보트 여행

해석 | 보트 여행의 시작은 내가 기대했었던 것과는 전혀 달랐다. 눈에 보이는 야생 생물 중 아무것도 이국적이지 않았다. 칙칙한 잿빛의 바위들만 보였다. 또한 너무 덥고 습도도 높아서 그 여행을 완전히 즐길 수가 없었다. 그러나 보트가 Bay Park 수로로 미끄러져 들어가자, 갑자기 어머니께서 외치셨다. "맹그로브 좀 봐!" 완전히 새로운 세계가 시야에 들어왔다. 수로를 따라 있는 맹그로브 숲의 시원한 그늘로 들어가자 그것(수로를 따라 있는 맹그로브 숲)은 나를 전율하게 했다. 나는 맹그로브의 아름다운 잎과 꽃에 마음이 사로잡혔다. 그러나 무엇보다도 나는 나뭇가지 사이에서 움직이는 토종의 새, 원숭이 및 도마뱀들에게 매혹되었다. "정말 멋진 모험이야!" 하고 나는 외쳤다.

해설 |

보트 여행을 한 필자가 처음에는 실망했다가 나중에는 매우 흥분하는 과정을 묘사하고 있는 글이다. 따라서 정답은 ② '실망한 → 흥분한'이다.

① 부끄러워하는 → 긴장이 풀린
③ 아주 기쁜 → 어리둥절한
④ 즐거운 → 외로운
⑤ 두려운 → 안도하는

구문 |

▶ 1행 / None of the wildlife [I saw] was exotic.

[ ]는 the wildlife를 수식하는 관계절이다.

▶ 6행 / But best of all, I was charmed by the native birds, monkeys, and lizards [moving among the branches].

[ ]는 the native birds, monkeys, and lizards를 수식하는 분사구이다.

확인 테스트

본문 36~37쪽

| 1 ⑤ | 2 ③ | 3 ④ |

1

정답 ⑤

소재 | 크리스마스 선물

해석 | "내가 원하는 것은 조랑말뿐이에요."라고 그 소년은 어느 해 크리스마스가 다가오자 자신의 아버지에게 말했다. "조랑말을 가질 수 없다면, 내게 아무것도 주지 마세요." 크리스마스 아침이 왔고, 그의 긴 양말은 비어 있었으며, 그를 위한 어떤 종류의 선물도 없었고, 조랑말도 없었다. 그는 지금껏 느꼈던 부당하다는 느낌 중 가장 강한 느낌으로 인해 흐느껴 울며 온통 마음이 아팠으며 그의 여자 형제들에게 무례하게 굴고 화를 냈다. 부모님이 다투었다. 그날 아침 늦게 조랑말이 정말로 도착했다. 그 소년이 눈물을 통해 본 것은 아주 훌륭했다. 그 조랑말에게는 검정 갈기와 흰색의 한쪽 발, 그리고 이마에 흰 별이 있었고, 등에는 새 안장이 있었는데 그것은 전부 무늬가 새겨져 있었고 은과 술 장식으로 꾸며져 있었다. 갑자기 그 소년은 자신이 원했던 모든 것을 가졌고 그 크리스마스는 자신의 인생에서 가장 아름다운 날이었다.

해설 |

크리스마스 선물로 조랑말을 갖고 싶었으나 크리스마스 아침에 아무런 선물도 받지 못해서 흐느끼며 울었다고 했으므로 글의 전반부에 나타난 the boy의 심경으로 적절한 것은 disappointed(실망한)이다. 하지만 그날 아침 늦게 조랑말을 선물로 받게 되어 그 크리스마스가 자신의 인생에서 가장 아름다운 날이라고 했으므로 글의 후반부 심경으로 적절한 것은 delighted(아주 기뻐하는)이다.

① 화난 → 질투하는
② 수치스러운 → 긴장이 풀린
③ 흥분한 → 혼란스러운
④ 겁에 질린 → 안도하는

구문 |

▶ 2행 / [Christmas morning came], [his stocking was

empty], [there were no presents of any kind for him], and [there was no pony].

네 개의 [ ]가 and로 연결되어 있다.

▶ 3행 / He sobbed and ached all over with the strongest feeling of injustice [he had ever felt], was rude and angry with his sisters.

[ ]는 the strongest feeling of injustice를 수식하는 관계절이다.

2

소재 | 동굴 속에 있는 Marcus

해석 | Marcus는 가슴속에서 심장이 빠르게 뛰고 있음을 느꼈다. 그의 마음은 무엇이 그런 소리를 내고 있을지에 대해 감히 추측조차 할 수가 없었다. 하지만 그는 어떤 것이 다가오고 있고 그것이 커다란 것이라고 확신했다. 매 발걸음마다 땅이 진동했고 벽에서 돌이 떨어져 나와 땅에 떨어졌다. 매 발걸음마다 일제히 외치는 소리는 더 커졌고 그는 그것이 자신의 생각에 또다시 엄습해 오기 시작하는 것을 들을 수 있었다. 그의 두려움은 그의 몸이 느끼고 있는 통증을 압도하기 시작했다. 무엇인가가 오고 있을지도 모른다는 생각이 그의 마음이 견딜 수 없는 것이었다. 몸이 벽에 눌려져 있는 채로 그의 눈은 어두워진 동굴 이곳저곳을 재빨리 훑었다. 무엇이 오고 있든지 간에 그것은 저 입구를 통해 들어올 것이라는 것을 알 수 있었다. 매 발걸음마다 그의 눈은 커졌다. 그의 심장은 마치 그의 가슴에서 그것(심장)이 나와서 달아날 것같이 느꼈다. Marcus는 소리를 지르고 싶었으나 아무 소리도 나오지 않았다.

해설 |

Marcus가 동굴 속에서 몸이 벽에 눌려져 있는 상태에서 커다란 어떤 것이 걸어오는 소리를 들으며 두려움을 느끼고 있는 상황으로 심장이 가슴 밖으로 나와서 달아날 것 같은 기분이 들 정도로 큰 공포감을 느끼고 있으므로 글의 분위기로 가장 적절한 것은 ③ '무섭고 긴박한'이다.

① 축제 분위기이며 활기찬

② 감동적이고 로맨틱한

④ 신비롭고 환상적인

⑤ 단조롭고 우울한

구문 |

▶ 1행 / His mind couldn't even venture a guess as to [what might be making that sound].

[ ]는 as to(~에 대해)의 목적어이다.

▶ 6행 / The thought of [what might be coming] was something [his mind could not bear].

첫 번째 [ ]는 of의 목적어이고, 두 번째 [ ]는 something을 수식하는 관계절이다.

3

소재 | 화재로 인한 절박한 상황

해석 | Susan Raggio가 Glendale에 도착했을 때 거리가 폐쇄되어 있었기 때문에 그녀는 뒷길과 우회로를 택하여 Chevy Chase로 차를 몰아 장벽을 곧장 통과하여 그곳에서 그녀는 "나의 아이들이 저기 위에 있어요!"라고 소방관에게 설명했다. 그리고 나서 그녀는 집이 모든 용마루를 따라 불타고 있는 것을 보았다. 거리에는 12개의 호스 선을 통해 물을 퍼 올리는 소방차와 소방 트럭들이 있었고, 그녀는 그 물이 가득 찬 호스 선 위로 막 운전하여 주차하였고 그녀의 집 앞에 있는 집으로 달렸다. 한 소방관은 그 이웃집을 호스로 씻어 내리고 있었고 그녀는 검은 연기가 만든 벽 사이로 그녀의 집을 전혀 볼 수가 없었지만, 그녀의 집이 사라졌다는 것을 감지했다. 그녀는 소방관에게 두 명의 어린 소녀와 세 아기들을 본 적이 있는 지 물었고, 어찌할 바를 몰라 하는 그 소방관은 그녀의 절망적인 얼굴을 보고 그의 호스 선을 놓고 그의 무전기를 호출했으나 이내 그의 고개를 가로저었다.

해설 |

화재로 인해 사라진 자신의 집을 보면서 소녀와 아기들을 찾고 있는 상황을 묘사하고 있는 글이므로, Susan Raggio의 심경으로 가장 적절한 것은 ④ '걱정하고 절망적인'이다.

① 차분하고 안심하는

② 죄책감이 들고 미안해하는

③ 지루해하고 무관심한

⑤ 부끄럽고 당황스러운

구문 |

▶ 4행 / There were fire department engines and trucks on her street [pumping water through a dozen lines], and she just drove over those charged lines and parked, and ran to the house [that stood in front of hers].

첫 번째 [ ]로 표시된 부분은 fire department engines and trucks를 수식하는 분사구이고, 두 번째 [ ]로 표시된 부분은 the house를 수식하는 관계절이다.

▶ 6행 / A fireman was hosing down the neighbor's house and she couldn't see her house at all through the wall of black smoke, but she sensed [that her house was gone].

[ ]로 표시된 부분은 sensed의 목적어 역할을 한다.

Day 9 세부 정보의 세 가지 유형　　본문 38~41쪽

출제 유형 1

기출 예제　　　　　　　　　　　　　정답 ④

소재 | Tomas Luis de Victoria의 생애

해석 | 16세기 스페인의 가장 위대한 작곡가, Tomas Luis de Victoria는 Avila에서 태어나 소년 시절 교회 합창단에서 노래했다. 변성기가 됐을 때 공부를 위해 로마로 가서, 다양한 교회와 종교 기관에서 직책을 맡으며, 약 20년 동안 그 도시에 머물렀다. 로마에서 그는 유명한 이탈리아 작곡가인 Palestrina를 만났는데, 심지어 그의 제자였을지도 모른다. 사제가 되고 난 후, 1580년대에 스페인으로 돌아와 왕가의 작곡가이자 오르간 연주자로 마드리드에서 평화롭게 여생을 보냈다. 그는 1611년에 사망했으나, 무덤은 아직 확인되지 않았다.

해설 |
사제가 된 후 스페인으로 돌아와 마드리드에서 여생을 보냈다고 했으므로, 글의 내용과 일치하지 않는 것은 ④이다.

구문 |

▶ 2행 / When his voice broke, he went to Rome to study and he remained in that city for about 20 years, [holding appointments at various churches and religious institutions].

[ ]로 표시된 부분은 he를 부연 설명하는 분사구이다.

단어와 숙어 |

composer 작곡가

choir 합창단

break 변성기가 되다

appointment 직책

pupil 제자

tomb 무덤

출제 유형 2

기출 예제　　　　　　　　　　　　　정답 ④

소재 | 2016년 하계 올림픽 메달 집계

해석 |　　　　**2016년 하계 올림픽 메달 집계**

위 도표는 국제올림픽위원회(IOC)의 메달 집계를 바탕으로

2016년 하계 올림픽 동안 상위 5개 국가들이 획득한 메달의 수를 보여 주고 있다. 5개 국가들 중, 미국이 약 120개로 가장 많은 총 메달을 획득하였다. 금메달에 관한 한, 영국이 중국보다 더 많이 획득하였다. 중국, 러시아, 독일은 각각 20개 미만의 은메달을 획득하였다. 미국이 획득한 동메달 수는 독일이 획득한 동메달 수의 두 배보다 적었다. 상위 5개 국가는 총 40개 이상의 메달을 각각 획득하였다.

해설 |
미국이 획득한 동메달 수는 38개이고 독일이 획득한 동메달 수는 15개로 미국이 획득한 동메달 수가 독일이 획득한 동메달 수의 두 배보다 많았으므로 도표의 내용과 일치하지 않는 것은 ④이다.

구문 |
▶ 1행 / The above graph shows the number of medals [won by the top 5 countries during the 2016 Summer Olympic Games], [based on the medal count of the International Olympic Committee (IOC)].

첫 번째 [ ]는 medals를 수식하는 분사구이고, 두 번째 [ ]는 앞의 내용을 부연 설명하는 분사구이다.

▶ 5행 / The number of bronze medals [won by the United States] was less than twice the number of bronze medals [won by Germany].

두 개의 [ ] 모두 각각 앞의 bronze medals를 수식하는 분사구이다.

단어와 숙어 |
bronze 청동(의)
committee 위원회

출제 유형 3
기출 예제   정답 ⑤

소재 | 에너지 절약 비디오 경연 대회
해석 | 에너지 절약 비디오 경연 대회
일상생활에서 학생들이 에너지를 절약하도록 장려하는 30초짜리 비디오를 만드세요.
• 중학생과 고등학생이 대회에 참가할 수 있습니다.
• 멋진 상을 받으려면 비디오를 3월 13일부터 4월 6일 자정 사이에 제출해야 합니다.
• 상
  – 다섯 명의 수상자에게 디지털 카메라 한 대씩
  – 각 수상자 학급에 100달러 선물 카드
• 수상작은 TV 프로그램 'Green Planet'에서 방송될 것입니다!

더 많은 정보를 얻으려면 www.energy4future.org에서 확인하세요.

해설 |
수상작은 TV 프로그램 'Green Planet'에서 방송된다고 했으므로, 안내문의 내용과 일치하는 것은 ⑤이다.

구문 |
▶ 2행 / Create a 30-second video [that encourages students to save energy in their everyday life].

[ ]로 표시된 부분은 a 30-second video를 수식하는 관계절이다.

단어와 숙어 |
encourage 장려하다
submit 제출하다
awesome 멋진
air 방송되다

출제 유형 4
기출 예제   정답 ③

소재 | 2018 CVL 배구 캠프
해석 | **2018 CVL 배구 캠프**
대학 배구 연맹(CVL)이 1월 23일부터 27일까지 고등학생을 위한 캠프를 개최합니다.

훈련 프로그램
간단한 기술 테스트 후에 참가자들은 자신들의 수준에 따라 훈련을 받게 됩니다.
• 초급 수준: 서브, 토스와 스파이크
• 고급 수준: 개별 플레이와 팀 전략

일정표
• 오전 9시~오전 11시: 1대 1 기술 훈련
• 오후 1시~오후 4시: 연습 경기 시간

유의 사항
• 참가비는 100달러입니다.
• 참가자는 배구공과 캠프 티셔츠를 받게 될 것입니다.
• 캠프 마지막 날 참가자에게 조언을 제공하기 위해 대학 배구 선수들이 방문할 예정입니다.

더 많은 정보를 원하시면 저희 웹사이트인 www.CVL.org를 방문해 주시기 바랍니다.

해설 |
연습 경기는 오후 1시부터 오후 4시까지 실시한다고 했으므로 안내문의 내용과 일치하지 않는 것은 ③이다.

구문 |
▶ 14행 / College volleyball players will visit [to offer

advice to participants] on the final day of the camp.

[ ]는 목적의 의미를 나타내는 to부정사구이다.

단어와 숙어 |

participant 참가자

strategy 전략

participation fee 참가비

Day 10 설명문

확인 테스트
본문 42~43쪽

| 1 ⑤ | 2 ④ | 3 ② |

1

정답 ⑤

소재 | 붉은 배 피라냐(red-bellied piranha)

해석 | 아마존 강에는 20가지의 다른 종류의 피라냐가 있다. 가장 유명한 것은 붉은 배 피라냐이다. 그것은 가장 강한 턱과 가장 날카로운 이빨을 가지고 있다. 수위가 낮아지면 이 피라냐는 100마리 넘게 무리 지어 사냥한다. (먹잇감으로) 큰 동물을 공격했을 때는 많은 무리들이 먹기에 참여한다. 하지만 보통 붉은 배 피라냐는 자신들보다 약간만 더 큰 먹이를 선호한다. 보통 붉은 배 피라냐 무리는 먹이를 찾아 함께 헤엄쳐 다닌다. 먹이가 발견되자마자, 그 물고기들은 서로 신호를 보낸다. 그 물고기는 뛰어난 청력을 가지고 있어서 서로 소리로 신호를 보내는 것이 가능하다. 한 무리 안의 물고기는 각자 한 번씩 먹이를 먹을 기회를 갖고 그런 다음 헤엄쳐 나가 다른 동료들이 먹을 수 있도록 길을 열어 준다.

해설 |

물고기들이 한 번씩 먹이를 먹고 나면 무리의 다른 물고기들이 먹을 수 있도록 길을 열어 준다고 했으므로 ⑤는 글의 내용과 일치하지 않는다.

구문 |

▶ 6행 / The fish have excellent hearing, so it's possible [that they signal each other with sounds].

it은 형식상 주어이고 [ ]로 표시된 부분은 내용상 주어이다.

▶ 7행 / Each fish in the group has a chance to take a bite and then swim away, [making way for the others].

[ ]로 표시된 부분의 의미상 주어는 Each fish in the group이다.

2

정답 ④

소재 | Auguste Piccard

해석 | Auguste Piccard는 그의 쌍둥이 형제인 Jean과 함께 Zurich에서 엔지니어 자격을 얻었다. 그들은 둘 다 열기구 비행에 대한 강한 관심을 갖기 시작했는데, 궁극적으로 지구 대기 높은 곳에서 무슨 일이 일어나는지 연구하고 싶어서, 1913년에 16시간 동안 대기로 올라갔다. 제1차 세계 대전 동안 둘 다 스위스 군대의 열기구 소대에 입대했다. 전쟁 후에, Jean은 미국으로 이주하여 대학에서 자신의 진로를 이어갔지만, Auguste는 Brussels 대학에서 물리학 교수로 (봉직하며) 열기구 비행 연구를 계속했다. 1931년에 그는 가압된 곤돌라를 장착한 최초의 열기구를 사용하여 거의 16,000m를 올라간 것으로 전 세계적인 명성을 얻었다. 2년 후에 그는 16,200m 넘게 올라갔다. 하지만 그의 꿈은 항상 대양의 심연을 탐험하고자 '그 누구보다도 깊이 바다 속으로 들어가는 것'이었다.

해설 |

16,200m 이상 올라간 것은 두 번째 시도에서였고, 첫 번째 시도에서는 거의 16,000m 정도만 올라갔다고 했으므로 일치하지 않는 것은 ④이다.

구문 |

▶ 6행 / In 1931 he attracted worldwide publicity with an ascent of nearly 16,000 m, [using the first balloon {to be equipped with a pressurized gondola}].

[ ]로 표시된 부분은 부수적 상황을 나타내는 분사구이며, 그 안의 { }는 the first balloon을 수식하는 to부정사구이다.

▶ 8행 / But his dream had always been ['to plunge into the sea deeper than any man before', {to explore the ocean depths}].

[ ]로 표시된 부분은 been의 주격 보어 역할을 하는 to부정사구이고, 그 안의 { }는 목적을 나타내는 to부정사구이다.

3

정답 ②

소재 | Mortimer J. Adler

해석 | Mortimer J. Adler는 미국의 철학자, 교육자, 편집자이자 서구 세계의 위대한 저서 연구를 통한 성인 및 일반 교육의 지지자였다. 아직 공립학교에 다니는 동안, Adler는 'New York Sun'에 원고 담당 사환으로 고용되었는데, 그곳에서 정규직으로 다양한 편집 작업을 하면서 2년 동안 머물렀다. 이후 Columbia University에 다니며 학사 학위를

위한 수업들을 모두 들었지만 체육(수영)을 거부해 졸업장을 받지 못했다. 그는 가르치면서 박사 학위를 따기 위해 Columbia에 머물렀고 이후 University of Chicago에서 법철학 교수가 되었다. 그곳에서 그는 Robert M. Hutchins와 함께, 위대한 책 읽기에 기반을 둔 정기적인 토론을 통하여 일반 교양 교육을 추구하는 지지자가 되었다. 평생 동안 그는 자신이 위대한 책[고전] 운동이라고 부르는 것과 교육 개혁에 적극적이었으며 90대의 나이가 될 때까지 계속해서 강의를 하고 글을 썼다.

해설 |
'New York Sun'에서 정규직으로 다양한 편집 작업을 하면서 2년 동안 머물렀다고 했으므로 일치하지 않는 것은 ②이다.

구문 |
▶ 2행 / [While still in public school], Adler was taken on as a copyboy by the *New York Sun*, [where he stayed for two years {doing a variety of editorial work full-time}].
첫 번째 [ ]는 시간을 나타내는 분사구이다. 두 번째 [ ]는 관계절로 the *New York Sun*을 부연 설명하며, 그 안의 { }는 부수적 상황을 나타내는 분사구이다.

▶ 9행 / For his entire life, he [remained active {in what he called the great-books movement} and {in educational reform}], and [continued to lecture and write into his nineties].
두 개의 [ ]가 and로 연결되어 주어 he의 술어 역할을 한다. 첫 번째 [ ] 안에 { }로 표시된 두 개의 전치사구가 and로 연결되어 있다.

Day 11 도표와 안내문

확인 테스트
본문 44~47쪽

| 1 ⑤ | 2 ③ | 3 ④ | 4 ④ |

1
정답 ⑤
소재 | 개인 건강 보험 혜택을 받는 연령대별 인구 비율
해석 | 아일랜드에서 개인 건강 보험 혜택을 받는 인구 비율
위 도표는 아일랜드에서 2007년과 2012년의 개인 건강 보험 혜택을 받는 연령대별 인구 비율을 보여 준다. 2007년에 개인 건강 보험 혜택을 받는 '모든 연령'의 인구의 비율은

2012년의 그것보다 더 높았다. 2012년에, 40세에서 49세의 연령 집단부터 70세에서 79세의 연령 집단까지 연속적인 네 연령 집단은 개인 건강 보험 혜택을 받는 비율이 '모든 연령'의 비율보다 더 높았다. 2007년에 개인 건강 보험 혜택을 받는 인구의 비율은 0세에서 17세 사이의 연령 집단에서 18세에서 29세 사이의 연령 집단까지 감소하여 변동하였고 50세에서 59세 사이의 연령 집단까지 꾸준히 증가하다가 마지막 세 연령 집단 동안 다시 감소하였다. 2007년에 가장 낮은 비율은 80세 이상의 연령 집단에 의해 나타난 반면, 2012년에 가장 낮은 비율은 18세에서 29세 사이의 연령 집단에 의해 나타났다. <u>각 연령 집단에서, 2007년에 개인 건강 보험 혜택을 받는 인구의 비율은 70세에서 79세 사이의 연령 집단을 제외하고 2012년의 비율보다 더 높았다.</u>

해설 |
개인 건강 보험 혜택을 받는 인구의 비율이 2012년의 비율보다 2007년의 비율이 더 낮은 연령 집단은 70세에서 79세 연령 집단과 80세 이상의 연령 집단이므로 ⑤가 도표의 내용과 일치하지 않는다.

구문 |
▶ 2행 / The percentage of the population for All Ages [covered by private health insurance in 2007] was higher than **that** in 2012.
[ ]로 표시된 부분은 the population for All Ages를 수식하는 분사구이다. 대명사 that은 the percentage of the population for All Ages covered by private health insurance를 대신한다.

2
정답 ③
소재 | 연령대별 휴대 전자 기기로 뉴스를 접하는 미국 성인의 비율 현황
해석 | 휴대 전자 기기로 뉴스를 접하는 미국 성인의 비율
위 도표는 2013년, 2016년, 2017년에 휴대 전자 기기로 뉴스를 접한 미국 성인의 비율 변화를 보여 준다. 2017년에는 미국 성인의 10명 중 8명이 휴대 전자 기기로 뉴스를 접했는데, 이는 2013년부터 기록된 매해에 꾸준히 증가했다. 2017년에 65세 이상 미국인의 대략 3분의 2가 휴대 전자 기기에서 뉴스를 접했는데 이는 2016년보다 24퍼센트포인트가 증가한 수치이다. <u>상당한 증가는 두 번째로 나이가 많은 연령층에서 보이는데 50세에서 64세의 경우 2017년에 그들의 79퍼센트가 뉴스를 접할 때 휴대 전자 기기를 사용했는데 이는 2013년의 그것[비율]보다 두 배가 넘는 비율이다.</u> 2013년부터 2017년까지 4년간, 성인들이 젊을수록 더

적은 증가를 보여 증가율이 50세 미만에서 더 완만했다. 2013년과 2017년 사이에 18~29세의 연령대는 휴대 전자 기기로 뉴스를 접하는 데 있어 19퍼센트포인트의 증가를 보였는데 이는 30~49세의 미국인 연령층에 나타난 증가세보다 낮은 수치이다.

해설 |
50세에서 64세 연령층의 경우 2013년에 40퍼센트, 2017년에 79퍼센트로 두 배가 채 되지 않으므로 ③은 도표의 내용과 일치하지 않는다.

구문 |
▶ 5행 / Among 50- to 64-year-olds, 79 percent of them got news on a mobile device in 2017, [more than double **that** of 2013].
[ ]로 표시된 부분은 앞의 내용을 부연 설명하고, 그 안의 that은 the percent를 대신한다.

▶ 7행 / Over the 4 years from 2013 to 2017, the growth rate was more gradual for those younger than 50, as [the younger the adults were, the smaller increase they showed].
[ ] 부분은 「the+비교 형태 ~, the+비교 형태 …」 구문으로서, '~할수록 더 …하다'라는 의미이다.

3
정답 ④

소재 | 후프 댄스 세계 선수권 대회

해석 | 후프 댄스 세계 선수권 대회
2019년 2월 9일과 10일, 최고의 아메리칸 인디언과 캐나다 원주민 후프 댄서들이 Heard Museum에서 겨룰 것입니다. 이틀 동안의 경연 대회에서 남녀는 동등한 자격으로 겨룰 것입니다.
일정
• 현장 참가자 등록은 오전 8시부터 9시까지 Encanto Room에서 있을 것입니다.
• 경연 대회는 오전 10시에 시작합니다.
• 모든 참가자는 등록 순서와 관계없이 무작위로 호명되어 춤을 출 것입니다.
심사 기준
참가자는 아래 5가지 범주로 평가될 것입니다.
1. 정확성 2. 리듬 3. 쇼맨십 4. 창의력 5. 속도
일반 규칙
• 댄서들은 제한 시간인 7분을 초과하면 벌칙이 적용될 것입니다. 경연장에서는 큰 시계가 보일 것입니다.

• 경기 중에 경연자의 번호가 세 번 불릴 것입니다. 세 번째 불린 후에도 경기장에 있지 않으면 실격이 될 것입니다.

해설 |
제한 시간인 7분을 초과하면 벌칙이 적용될 것이라고 했으므로 안내문의 내용과 일치하는 것은 ④이다.

구문 |
▶ 9행 / All contestants will be randomly called to dance, [regardless of registration order].
[ ]는 전치사구로 '~과 관계없이'라는 뜻이다.

4
정답 ④

소재 | 연날리기 행사

해석 | **Lakeside 지역 사회 연날리기**
9월 8일 토요일
11시부터 16시까지
Green Porch Park의 이벤트 행사장에서
Kent Kite Flyers가 또 하나의 재미있는 연날리기 행사를 개최하기 위해 공원에 돌아옵니다.
• 여러분이 초보자이든 또는 전문가이든 와서 함께하세요!
• 아이들을 위한 '무료' 연 만들기 워크숍
• 음식과 다과는 Parish Hall에서 이용 가능할 것입니다.
• 이 이벤트는 예약이 필요 없고 '무료'입니다! 모든 연령과 능력을 갖춘 사람들을 환영합니다!
주의 사항
• 아이들은 책임 있는 어른에 의해 감독되고 반려견은 줄에 묶여 다녀야 합니다.
• Saffron Way의 길을 따라 무료 주차, 주차장은 16시 30분에 닫음
더 많은 정보를 원하시면, 우리의 웹사이트인 www.communitykite.com에 방문하세요.

해설 |
이 이벤트는 예약이 필요 없다고 하였으므로, 안내문의 내용과 일치하지 않는 것은 ④이다.

구문 |
▶ 12행 / We request [that children **be** supervised by a responsible adult] and [that pet dogs **be** kept on a leash].
두 개의 [ ]로 표시된 부분은 모두 request의 목적어 역할을 한다. 주절 동사가 요구를 나타내는 request나 ask일 때, that절의 동사는 기본 형태인 be가 된다.

Part Ⅳ 추론적 이해

Day 12 빈칸 완성_1단어

본문 48~49쪽

기출 예제

정답 ②

소재 | 동기 부여

해석 | 동기 부여에서 나오는 한 가지 결과는 상당한 <u>노력</u>을 필요로 하는 행동이다. 예를 들면, 만약 좋은 차를 사고자 하는 동기가 있다면, 여러분은 온라인에서 차들을 연구하고, 광고를 보며, 자동차 대리점들을 방문하는 것 등을 할 것이다. 마찬가지로, 몸무게를 줄이고자 하는 동기가 있다면, 여러분은 저지방 식품을 사고, 더 적은 1인분의 양을 먹으며, 운동을 할 것이다. 동기 부여는 목표를 더 가까이 가져오는 최종 행동을 이끌 뿐만 아니라, 기꺼이 준비 행동에 시간과 에너지를 쓸 마음을 만들기도 한다. 따라서 새 스마트폰을 사고자 하는 동기가 있는 사람은 그것을 위해 추가적인 돈을 벌고, 가게에 가기 위해 폭풍 속을 운전하며, 그것을 사려고 줄을 서서 기다릴지도 모른다.

해설 |

이 글의 중심 생각은 어떤 것에 대한 동기가 있으면 그 목표를 이루기 위해 상당한 노력을 필요로 하는 행동을 하게 된다는 것이다. 따라서 빈칸에 들어갈 말로 가장 적절한 것은 ② '노력'이다.

① 위험   ③ 기억   ④ 행운   ⑤ 경험

구문 |

▶ 1행 / One outcome of motivation is behavior [that takes considerable effort].

[ ]로 표시된 부분은 behavior를 수식하는 관계절이다.

▶ 4행 / Motivation not only [drives the final behaviors that bring a goal closer] but also [creates willingness to expend time and energy on preparatory behaviors].

첫 번째와 두 번째 [ ]는 '~뿐만 아니라 …도'라는 뜻의 「not only ~ but also …」로 대등하게 연결된 동사구이다.

확인 테스트

본문 50~51쪽

1 ④	2 ③	3 ④

1

정답 ④

소재 | 인간의 취약한 감정을 이용한 사기 행위

해석 | 사회 공학자들은 비극적인 사건 후에 종종 사람들의 감정과 동정을 이용하려고 하는 눈치 없는 포식자들이다. 사례들은 칠레, 아이티, 그리고 일본의 지진이나 허리케인 Katrina와 같은 사건 후에 기부를 요청하는 구호 단체인 체하는 피싱 사기 전자메일을 포함한다. 사실 허리케인 Katrina 후에 그 사건 몇 주 이내에 4,000개의 피싱 사기 웹사이트가 나타나서 각 웹사이트가 사람들의 자선 본능을 이용하여 관대하고 사려 깊은 사람들을 속일 것을 기대했다고 보고되었다. 다른 공격들은 쌍둥이 타워의 공격과 2011년 Norway에서 발생한 비극적인 사건과 같은 인간의 비극을 사기 치려고 한다. 어떤 경우이든지 간에 악의적인 사회 공학자들은 신속한 돈벌이에 관한 한 비정하며, 그들은 흔히 가장 큰 <u>취약성</u>이 있을 때 사람들을 사기 치기 위해 무엇이든 하려고 하곤 한다.

해설 |

이 글의 중심 생각은 사회 공학자들이 인간의 비극적인 사건 후에 인간의 취약해진 감정과 동정을 이용하여 이익을 추구한다는 것이다. 따라서 빈칸에 들어갈 말로 가장 적절한 것은 ④ '취약성'이다.

① 편견   ② 신뢰   ③ 불확실성   ⑤ 성장

구문 |

▶ 2행 / Examples include phishing emails [that pose as relief agencies {asking for donations after events like the earthquakes in Chile, Haiti, and Japan or Hurricane Katrina}].

[ ]로 표시된 부분은 phishing emails를 수식하는 관계절이며, 그 안에 { }로 표시된 부분은 relief agencies를 수식하는 분사구이다.

▶ 4행 / In fact, after Hurricane Katrina, **it** was reported [that within weeks of the event, 4,000 phishing websites surfaced, {each looking to deceive generous and thoughtful people through their charitable instincts}].

it은 형식상 주어이고 [ ]로 표시된 부분은 내용상 주어이다. { }로 표시된 부분은 4,000 phishing websites를 부연 설명하는 분사구이다.

Tips |

social engineer(사회 공학자): 타인을 조종하려는 의도로 온라인에서 비밀 정보나 개인 정보를 누설하는 사람

2

소재 | 자신의 정체성이 혼란스러운 여성

해석 | 카운슬러로서, 나는 어떤 매력적인 40대 여성이 크리스마스 파티에서 입을 의상 한 벌을 찾아서 의류 매장으로 들어왔던 한 분주한 휴일이 낀 주말을 결코 잊지 못할 것이다. 그녀는 틀림없이 그 매장의 모든 옷을 입어 보고 난 후 자신에게는 '어떤 것도 어울리지 않는다'라는 결론에 이르렀을 것이다. 그 매장에 있는 모든 것이 사실상 그녀에게 꽤 잘 어울렸다는 점을 고려해 보건대, 나는 이 총체적인 불만족이 옷과는 아무런 상관이 없다는 것을 알았다. 약간의 질문을 해 본 후, 나는 내 고객이 자신의 정체성에 대해 완전히 혼란스러워하고 있음을 알았다. 그녀가 답을 찾으려고 시도할 때 의심과 좌절이 눈물과 함께 쏟아져 나왔다. 그녀는 자신이 나이가 들었는지 젊은지, 엄마인지 아내인지, 현대적인지 시대에 뒤떨어졌는지, 매력적인지 전성기를 지났는지를 알지 못했으므로 어떤 옷이 자신에게 어울리는지 알지 못했다. 그녀는 결국 그날 옷을 한 벌 사기는 했지만, 즉시 그것을 돌려주었다.

해설 |
옷을 사기 위해 의류 매장에 온 여성의 총체적 불만족의 원인이 빈칸에 들어갈 말로 적절하다. 빈칸 다음에 이어지는 내용은 여자가 자신이 나이가 들었는지 젊은지, 엄마인지 아내인지, 현대적인지 시대에 뒤떨어졌는지, 매력적인지 전성기를 지났는지를 알지 못했다는 내용이므로 빈칸에 들어갈 말로 가장 적절한 것은 ③ '정체성'이다.
① 직업　② 운명　④ 관계　⑤ 책임

구문 |

▶ 1행 / As a counselor, I'll never forget one busy holiday weekend [when an attractive forty-something woman came into a clothing store {looking for an outfit to wear to a Christmas party}].
[ ]는 one busy holiday weekend를 수식하는 관계절이고, 그 안의 { }는 관계절 안에 부수적 상황을 나타내는 분사구이다.

▶ 8행 / She did not know [if she was old or young, mother or wife, modern or outdated, attractive or past her prime], and therefore she did not know [what clothes worked for her].
[ ]로 표시된 두 부분은 각각 know의 목적어 역할을 하는 명사절이다.

3

소재 | 희생을 기꺼이 감수하는 호혜성

해석 | 일련의 실험에서, Fehr와 그의 공동 연구자들은 상당한 비율의 사람들이 (실험의 상황이) 모든 사람들이 익명의 상태이고, 오직 단판으로 행해지며(소위 '한 번으로 끝나는' 게임), 모든 사람이 친족이 아닌 상황에서조차 선물에 대해 기꺼이 보답하고 공정성과 협력적인 규범을 어기는 사람들을 벌준다는 것을 발견했다. 익명성과 한 번으로 끝나는 게임의 본질은 상호 이타주의가 작동할 수 없다는 것을 의미하는 반면(개인은 자신의 상대를 인식할 수 없고 어떤 식으로든 다시 그들을 결코 만날 수가 없다), 친족 관계의 부재는 이러한 결과가 혈연 선택에 의해 설명될 수가 없다는 것을 의미한다. Fehr는 이 행동을 '강한 호혜주의'로 칭했고 그것의 본질적 특징을 비록 이것이 보답하는 사람에게 비용이 들고 현재의 이익이나 미래의 경제적 보상을 제공하지 않더라도 공정한 행동의 보상과 불공정한 행동의 처벌 둘 다에 있어서 자원을 기꺼이 희생하는 것으로 정의한다.

해설 |
이 글의 중심 생각은 현재의 이익이나 미래의 보상이 없어도 자신의 자원을 희생하는 사람들의 특징을 설명하고 있다. 따라서 빈칸에 들어갈 말로 가장 적절한 것은 ④ '희생하다'이다.
① 공유하다　② 활용하다　③ 공급하다　⑤ 유지하다

구문 |

▶ 3행 / ~ even under conditions [where all the individuals remain anonymous, only a single round is played (so-called 'one-shot' games) and everyone is genetically unrelated].
[ ]로 표시된 부분은 conditions를 수식하는 관계절이다.

▶ 5행 / Anonymity and the one-shot nature of the games means [that reciprocal altruism cannot be operating (individuals cannot recognize their opponents, and never meet them again anyway)] ~.
[ ]로 표시된 부분은 동사 means의 목적어이다.

Day 13 빈칸 완성_어구

확인 테스트

본문 52~53쪽

1 ②	2 ③	3 ⑤

1

정답 ②

소재 | 'idiote' 단어의 유래

해석 | 그리스 도시 국가에는 어떤 형태의 조치에 대한 투표가 필요할 때 시민들을 소집하는 흥미로운 방법이 있었다. 예를 들어 만약 한 도시 국가가 전투를 하려고 다른 도시 국가를 향해 진군해 오면, 한 사람이 나팔을 불며 거리를 걸으며 모두 도시 바로 외곽에 있는 원형 극장에 모여야 한다는 것을 알리곤 했다. 그 도시의 시민들은 이 소리를 들으면 가게를 닫고 소식을 들으러 원형 극장에 가서 자신들의 대응을 표현함으로써 시민으로서의 책무를 다하곤 했다. 하지만 일부 가게 주인들은 경쟁하는 가게들이 문을 닫고 있는 동안 더 돈을 벌 수 있을 거라 기대하며 문을 닫지 않았다. 그리스인들은 그런 사람들을 'idiotes'라고 칭했는데, 이 말의 뜻은 사적인 목적에만 관심을 가지고 공공의 이익을 무시하는 누군가가 자신의 세계 안에 갇혀 있다는 것이다.

해설 |
이 글은 고대 그리스 도시 국가에서 유래된 'idiote'의 의미에 대한 것으로 자신이 속한 세계의 대의보다 자신의 개인적 이익만을 추구하는 사람을 'idiote'이라 지칭한다는 내용이다. 따라서 ② '공공의 이익을 무시하는'이 내용상 빈칸에 들어가기에 적절하다.
① 지는 전투에 합류하는
③ 근거 없는 헛소문을 퍼뜨리는
④ 사업을 무리해서 확장하는
⑤ 자신의 책임을 다할 것을 주장하는

구문 |
▶ 4행 / When the citizens of the city heard this, they would [close up their shops], [head to the amphitheater to get the news] and [fulfill their civic duty by voicing their response].
[ ]로 표시된 세 부분은 모두 and로 연결되어 조동사 would에 이어지는 동사구이다.
▶ 7행 / The Greeks referred to such persons as *idiotes*, [which means someone is closed up in their own world {who, concerned only with personal goals, ignores the greater good}].
[ ]로 표시된 부분은 선행사 *idiotes*에 대하여 부연 설명하는 관계절이고, 그 안의 { }는 someone을 수식하는 관계절이다.

2

정답 ③

소재 | 기대감에 근거한 감정

해석 | 감정은 때때로 기대감에 근거한다. 많은 매체의 주목을 받아왔으며 오랫동안 경쟁 관계가 확립되어 있는 경기가 시작되기 전에 스포츠 아나운서는 다음과 같은 어떤 말을 할 수 있다. "여러분은 감정이 감도는 것을 느낄 수 있습니다." 그(아나운서)는 팬들이 격려의 말들을 외치고, 심판에게 야유하고, 팔을 흔들고, 손뼉을 칠 것을, 다시 말해서 팬들이 주로 하는 모든 것을 할 것이라고 기대하기 때문에 이렇게 말한다. 아나운서는 이러한 소리와 행동을 집합적으로 감정으로 언급한다. 하지만 그는 그것을 실제로 '느낄' 수 있을까? 그 자신이 (그 자신이 사용한 용어로) '감정적인' 상태가 된다. 텔레비전 인터뷰 진행자는 흔히 감정적 순간을 강조한다. 그들은 묻는다. "이런 일 또는 저런 일이 생겼을 때 어떻게 느끼셨나요?" 또는 "그 당시의 여러분 감정을 묘사하세요." 감정은 훨씬 과대평가되고 생각은 훨씬 과소평가된다.

해설 |
이 글은 경쟁 관계에 있는 스포츠 경기에서 팬들이 할 행동을 기대하여 감정을 느끼는 사례를 통해 감정이 기대감에 근거하여 생긴다는 내용이다. 따라서 빈칸에 들어갈 말로 가장 적절한 것은 ③ '기대감'이다.
① 과거의 실패
② 즉각적인 반응
④ 타고난 기질
⑤ 성취동기

구문 |
▶ 1행 / A sports announcer, prior to a game [that has been given a lot of media attention and has a long established rivalry], might say something like: "You can feel the emotion in the air."
[ ]로 표시된 부분은 a game을 수식하는 관계절이다.
▶ 3행 / He says this because he anticipates [that the fans will {shout encouraging words}, {boo the referee}, {wave their arms} and {clap their hands}; in other words, they will do all the things fans usually do].

[ ]로 표시된 부분은 anticipates의 목적어 역할을 하고 네 개의 { }로 표시된 부분은 모두 조동사 will에 이어진다.

3

정답 ⑤

소재 | 자기 불구화 현상(self-handicapping)

해석 | 1978년에 E. E. Jones와 Berglas가 비(非)스포츠 상황에서 처음 정의한 자기 불구화 현상은 실패에 대한 변명을 제공함으로써 자신의 자존감을 보호하는 데 도움이 되는 한 사람의 생각 및 또는 행동으로 구성된다. 스포츠 분야의 예는 운동선수가 자신이 예상하는 실패에 대한 이유를 설명하며 스포츠 대회에서 질 것이라고 예상하는 것일 것이다. 자기 불구화 현상에 빠진 사람들은 실패를 외적 원인으로 돌리고 즉 '변명하고' 성공은 내면화한다(즉 성공에 대한 자신의 공을 인정한다). 그들은 실패를 자신의 부족한 능력과 결부시키지 않음으로써 자존감을 보호한다. 그래서 운동선수들이 실패에 자신의 책임이 없다고 느낀다면, 즉 예상되는 실패는 다른 사람의 잘못이라고 한다면, 그들은 단체의 실패에 대한 책임을 받아들이지 않는다. 게다가 그 팀 혹은 그 단체는 실제로 실패할 것이 '예상된다.' 사실, 그 운동선수는 노력을 적게 함으로써 고의는 아니지만 실패를 촉진시킬 수도 있다. 그래서 우리는 실패가 예상될 때 예상되는 실패 결과를 뒷받침하는 방식으로 생각하고 행동한다.

해설 |
글의 내용은 자존감을 보호하기 위해 실패의 원인을 외부로 돌리는 자기 불구화 현상에 대한 내용으로 사람들은 실패가 예상될 때는 그 결과가 확실히 나오도록 생각하고 행동하기 때문에 ⑤ '예상되는 실패 결과를 뒷받침하는'이 내용상 적절하다.

① 자존감을 해치는
② 팀의 성공을 촉진시키는
③ 다른 사람의 잘못을 강조하는
④ 신체적 어려움을 극복하는

구문 |

▶ 1행 / [First defined in nonsport settings by E. E. Jones and Berglas in 1978], self-handicapping consists of a person's thoughts and/or actions [that serve to protect his or her self-esteem by providing excuses for failure].

첫 번째 [ ]는 self-handicapping을 의미상 주어로 하는 분사구이고, 두 번째 [ ]는 명사구 a person's thoughts and/or actions를 수식하는 관계절이다.

▶ 6행 / They do not associate failure with their poor skills, [thereby protecting their self-esteem].

[ ]로 표시된 부분은 앞 절의 내용에 수반되는 결과를 나타내는 분사구이다.

Day 14 빈칸 완성_절/문장

확인 테스트   본문 54~55쪽

1 ⑤	2 ④	3 ④

1

정답 ⑤

소재 | 통제의 부정적 기능

해석 | 통제는 그 자체의 필요성을 낳는다. 그래서 우리가 땅을 다량의 살충제로 처리하면, 생겨나는 슈퍼잡초와 슈퍼버그는 새로운 그리고 훨씬 더 많은 양의 살충제를 필요로 한다. 누군가가 다이어트를 하고 자신의 먹고 싶은 충동을 억제하려고 시도할 때, 어느 시점에서 그 억압된 욕망은 폭식으로 폭발해 나와서 자신을 통제하려는 시도를 더 하게 한다. 그리고 인간이 갇히고, 감시되고, 계획되며, (일이) 할당되고, 분류되고, 강요받을 때, 그들은 온갖 방법으로 때때로 비이성적이거나 심지어 폭력적인 방법으로 저항한다. 아, 우리는 우리가 이러한 사람들을 통제해야 한다고 생각한다. 중독과 마찬가지로, 이러한 더 강해지는 통제 시도는 결국 개인적이든, 사회적이든, 세계적이든 모든 이용 가능한 자원들을 고갈시킨다. 그 결과는 통제의 기술이 미룰 수만 있을 뿐 결코 해결할 수 없는 위기이다.

해설 |
통제는 그 자체의 필요성을 낳으므로 통제를 점점 더 강하게 하면 문제가 해결되기보다는 결국 이용 가능한 자원들을 고갈시킬 뿐이라는 흐름에서 빈칸에 들어갈 말로 가장 적절한 것은 ⑤ '통제의 기술이 미룰 수만 있을 뿐 결코 해결할 수 없는'이다.

① 다른 사람들을 통제하려는 욕망이 결국 이루어지는
② 인간이 실패하는 것을 배운다면 욕망과 힘이 통제할 수 있는
③ 생각을 통제하지 않는 것이 반응을 자동적이 되게 할 수

있는

④ 통제되지 않은 행동이 다른 사람들의 행복을 위험에 처하게 하는

구문 |

▶ 1행 / So, when we treat land with heavy pesticides, the superweeds and superbugs [that emerge] require new and even stronger doses of pesticides.

[ ]는 the superweeds and superbugs를 수식하는 관계절이다.

▶ 3행 / When someone [{goes on a diet} and {attempts to control her urge to eat}], at some point the suppressed desire explodes outward as a binge, [prompting further attempts to control herself].

첫 번째 [ ]는 When절의 술어로서, and로 연결된 두 개의 동사구({ }로 표시)로 이루어져 있다. 두 번째 [ ]는 앞 절 내용의 결과를 나타내는 분사구이다.

2

정답 ④

소재 | 새의 언어를 이해하기 위한 전제 조건

해석 | 새의 언어를 이해할 때, 우리는 인류학자가 인간의 문화를 보듯이 새의 문화를 볼 필요가 있다. 각각의 종은 비록 그 차이를 우리가 포착하기 힘들지라도 자연환경 내에서 서로 다른 적합한 환경을 차지한다. (그것은 새들에게는 분명할 수도 있다.) 어떤 종들은 날면서 곤충을 잡고, 다른 종들은 나뭇잎 밑으로부터 곤충을 긁어낸다. 특정 장소의 전체 생태 환경을 우리가 더 잘 이해할수록, 우리는 새들의 관점에서 이 세상을 더 잘 보게 되고, 새들의 언어를 더 잘 배우게 된다. 모든 살아 있는 존재에게는 목적, 임무, 삶의 전략, 일련의 재능, 그리고 일련의 약점이 있다. 그것의 행동이 무작위적이고 무의미하다는 어떠한 가정도 제쳐 두라. 이러한 종류의 가정은 새, 다른 동물, 그리고 인간에게 고유한 포착하기 어려운 특유의 특징을 놓치는 결과를 초래한다.

해설 |

각각의 종이 자연환경 내에서 서로 다른 적합한 환경을 차지하고 있다고 했고, 모든 살아 있는 존재에게는 목적, 임무, 삶의 전략, 재능, 그리고 약점이 있다고 한 것과 반대되는 개념이 빈칸에 들어가야 하므로 빈칸에 들어갈 말로 가장 적절한 것은 ④ '그것의 행동이 무작위적이고 무의미하다'이다.

① 새의 언어를 배우는 것이 가능하다

② 이러한 환경에서는 어떤 것도 존재할 수 없다

③ 그것은 자신의 영역을 극적으로 바꾸지 않을 것이다

⑤ 풍부한 물질적 환경이 필수적이다

구문 |

▶ 7행 / Set aside any assumption [that its behavior is random and meaningless].

[ ]는 any assumption과 동격을 이룬다.

▶ 8행 / [Making these types of assumptions] leads to missing the subtle unique traits [inherent in birds, other animals, and people].

첫 번째 [ ]는 문장의 주어 역할을 하는 동명사구이고, 두 번째 [ ]는 the subtle unique traits를 수식하는 형용사구이다.

3

정답 ④

소재 | 세계화의 역설

해석 | 글로벌 브랜드들의 성공으로 몇몇 작가들은 지역 문화의 몰락을 가져올 국제적 기업 브랜드에 의해 세계 문화가 불가피하게 식민지화될 것이라 예견하게 되었다. 그러나 지역 문화의 사회적 관계와 가치가 세계화의 추정된 점진적으로 파괴적인 영향에 비교적 저항력이 있다는 증거 또한 있다. 한국의 휴대폰 사용과 동아시아의 MTV에 대한 연구는 동아시아에서의 글로벌 제품과 서비스의 확산이 지역 문화를 파괴하기보다 지역 공동체의 도덕적 가치를 강화시키고 재탄생시켰다는 것을 발견했다. 이것은 Giddens가 세계화를 '모순적이거나 대립적인 흐름으로 작동하는 복잡한 일련의 과정'으로 정의하면서 지적하는 세계화의 역설적 측면이다. 한편으로 세계화는 지역 문화를 파괴한다고 생각되지만, 다른 한편으로는 그것은 세계 다른 곳에서 지역 문화 정체성의 부활의 이유가 된다.

해설 |

글의 내용은 세계화가 지역 문화를 파괴할 것이라 예상되지만 실제로는 반대로 지역 문화를 강화시키는 영향을 주기도 한다는 내용이다. 따라서 ④ '그것은 세계 나른 곳에서 지역 문화 정체성의 부활의 이유가 된다'가 빈칸에 들어가기에 적절하다.

① 그것은 지역 문화를 연구하는 방법 개선에 도움을 준다

② 그것은 아시아의 문화유산 보호로 관심을 끈다

③ 그것은 시간과 공간의 제한 요소에도 불구하고 다양한 매체의 확산을 가져왔다

⑤ 그것은 전 세계 사람들에게 많은 양의 양질의 제품과 서비스를 제공한다

▶ 3행 / However, there also is evidence [that social relationships and values in local cultures are relatively resistant to the assumed erosive effects of globalization].

[ ]로 표시된 부분은 evidence와 동격 관계이다.

▶ 7행 / This is the paradoxical aspect of globalization [at which Giddens points, when he defines globalization as "a complex set of processes that operate in a contradictory or oppositional fashion]."

[ ]로 표시된 부분은 the paradoxical aspect of globalization을 수식하는 관계절이다.

Part Ⅴ 쓰기 기본 능력

Day 15 무관한 문장 파악
본문 56~57쪽

기출 예제 정답 ③

소재 | 농산물 취급 시 공기 관리

해석 | 신선한 농산물을 취급할 때 온도를 관리하는 것뿐만 아니라 공기의 관리도 중요하다. 저장하는 동안 탈수를 막기 위해 공기 중에 약간의 습기가 필요하지만, 너무 많은 습기는 곰팡이의 증식을 조장할 수 있다. 일부 상업용 저장 시설은 이산화탄소와 습기 양쪽 모두의 수준이 세심하게 조절되는 저온 저장과 함께 공기의 농도를 조절하는 장치를 갖추고 있다. (살아 있는 생명체가 숨을 쉴 때 이산화탄소를 방출하지만, 이산화탄소는 오염 물질로 널리 간주된다.) 바나나와 다른 신선한 농산물의 최적의 품질을 달성하는 데 도움이 되도록 때때로 에틸렌 가스와 같은 다른 기체가 통제된 수준으로 유입될 수 있다. 저장된 식품들 사이에 약간의 공기 순환의 필요성이 기체와 습기의 관리와 관련되어 있다.

해설 |

신선한 농산물을 취급할 때 공기의 관리의 중요성에 대한 글에서 살아 있는 생명체가 숨을 쉴 때 방출되는 이산화탄소가 오염 물질로 널리 간주된다는 내용의 ③은 글의 전체 흐름과 관계가 없다.

구문 |

▶ 1행 / In addition to controlling temperatures [when handling fresh produce], control of the atmosphere is important.

[ ]는 시간을 나타내는 분사구이다.

▶ 8행 / Related to the control of gases and moisture is [the need for some circulation of air among the stored foods].

[ ]는 문장의 주어로 도치가 되어 be동사인 is 다음에 위치해 있다.

확인 테스트
본문 58~59쪽

1	④	2	③	3	④

1
정답 ④

소재 | 인간 성공의 설명 요소

해석 | 인간의 성공을 설명하는 요소들 중 하나는 우리가 생존이라는 개념을 개인에서 가족이나 부족 중심으로 확장시켰다는 것이다. 우리가 한 팀으로 일하면 생존하고 번창하는 것이 훨씬 더 쉬워진다. 한 무리의 사냥꾼들은 단지 한 사람보다 훨씬 더 잘 동물을 궁지에 몰아넣어 죽일 수 있다. 신체적으로는 덜 강하지만 더 솜씨 좋은 다른 사람들은 도구와 무기를 만들 수 있다. 많은 공동체들이 개인의 생존 본능을 능가할 수 있는 문화를 만들어 왔고, 우리의 전사들은 공공의 이익을 위해 기꺼이 죽는다. 하지만 이것은 그들이 인류 전체를 위해 하는 희생이 아니다. (진정한 희생은 실천자의 마음을 가볍게 해주고 그에게 평화와 기쁨을 준다.) 그들은 자신들이 태어나고 충성을 맹세한 공동체를 위해서만 그들의 생명을 포기할 준비가 되어 있다.

해설 | 인간의 성공 요인들 중 하나는 생존이라는 개념을 개인에서 가족이나 부족 중심으로 확장시킨 점이라는 중심 내용과 공공의 이익을 위해 인간이 희생을 하기도 하지만 그것은 인류 전체가 아니라 자신이 태어나고 충성을 맹세한 공동체를 위한 것이라는 글의 맥락에서 진정한 희생의 가치에 대해 말한 ④는 전체 흐름과 관계가 없다.

구문 |
▶ 1행 / One of the factors [that explain human success] is [that we have expanded our concept of survival from the individual to a focus on the family or tribe].
첫 번째 [ ]는 the factors를 수식하는 관계절이다. 두 번째 [ ]는 is의 주격 보어이다.
▶ 8행 / They are only prepared to give up their lives for the community [into which they were born] and [to which they have pledged allegiance].
두 개의 [ ]는 the community를 수식하는 관계절이다.

2

정답 ③

소재 | 새로운 속성으로의 갑작스런 변화 양상

해석 | '낙타의 등을 부러뜨린 지푸라기'라는 표현은 수량에서 새로운 속성으로의 변화를 정확하게 설명한다. 추가된 하나의 지푸라기가 그러한 효과를 낼 수는 없을 것 같지만, 어느 시점에서 무게가 더해져 견딜 수 없는 짐이 된다. 이와 유사하게, 물 한 잔이 한 번에 1도씩 냉각될 때, 그것은 그 액체가 매우 다른 속성을 가진 고체인 얼음이 되는 시점에 도달한다. (서로 다른 속성을 지닌 서로 다른 물질은 서로 다른 용도에 적합하다.) 변화에 대한 이러한 이해와 더불어, 우리는 처음에는 천천히 변하는 것처럼 보이다가, 그런 다음 갑자기 매우 다른 상황이 되는 것을 볼 수 있다. 사회가 점점 더 두 계층으로 양극화되는 것은 겉보기에 정체되어 있는 것 같은 시기를 어쩌면 한 번의 극적인 변화의 시기로 바꿀 수 있다.

해설 | 기존의 체계가 더 이상 견딜 수 없는 시점에 도달했을 때 약간의 변화로도 완전히 다른 것으로의 변화를 일으킨다는 흐름에서 물질의 속성과 용도에 관한 내용인 ③은 전체 흐름과 관계가 없다.

구문 |
▶ 3행 / Similarly, when a glass of water is cooled by one degree at a time, it reaches a point [where the liquid becomes ice, {a solid with very different properties}].
[ ]는 a point를 수식하는 관계절이고, 그 안의 { }는 ice와 동격을 이루면서 부연 설명하는 역할을 한다.
▶ 7행 / The polarization of society more and more into two classes can potentially change [what has been a seemingly stagnant period] into **one** of dramatic change.
[ ]는 change의 목적어이다. one은 a period를 대신하는 대명사이다.

3

정답 ④

소재 | 설문지에 의한 연구

해석 | 설문지는 사회과학의 연구를 수행하기 위한 타당하고 흔히 매우 효과적인 도구이다. 그것의 효과성은 일반적으로 질문을 구성하는 데 드는 사고와 계획의 양과 직접적으로 관련이 있다. 이렇게 잘 계획된 질문은 언제나 나올 수 있는 대답을 예상하는 데서 나온 결과이다. 이것은 질문들이 가능한 적은 질문으로부터 의미 있는 반응의 비율을 가능한 높게 보장하도록 미세하게 조정되는 것을 가능하게 한다. 다시 말해서 질문자는 사람들이 어떻게 반응할 것인지에 대한 합리적인 가설을 가져야 한다. (따라서 면담과 비교하여 주요한 단점은 그 기법의 더 수동적인 성질 때문에 얻어진 결과가 깊이에 있어서 필연적으로 덜 풍부하다.) '도입'에서 그 가설과 그것(가설)을 뒷받침하는 추론에 대한 설명은 여러분의 논리를 설명하고 독자가 글의 나머지를 파악하고 이해하도록 준비시키는 이상적인 방법이다.

해설 |

설문지를 활용한 사회과학 연구를 효과적으로 하기 위한 방법을 제시하는 내용의 글이므로, 설문지 기법의 단점에 관한 내용인 ④는 전체 흐름과 관계가 없다.

구문 |

▶ 2행 / Their effectiveness is normally directly related to the amount of thought and planning [that goes into the composition of the questions].

[ ]로 표시된 부분은 the amount of thought and planning을 수식하는 관계절이다.

▶ 9행 / [An account of that hypothesis and the reasoning behind it in the *Introduction*] is the ideal way to [explain your logic] and [prepare the reader to grasp and understand the rest of the article].

첫 번째 [ ]로 표시된 부분은 문장의 주어이며 두 번째와 세 번째 [ ]로 표시된 부분은 and로 대등하게 연결되어 to에 이어진다.

Day 16 글의 순서
본문 60~61쪽

기출 예제
정답 ③

소재 | 신뢰 수준에 따라 달라지는 태도

해석 | 여러분이 어느 날 프로젝트를 하느라 바빠서 점심 식사를 살 시간이 없다고 가정해 보자. 갑자기 가장 친한 친구가 여러분이 가장 좋아하는 샌드위치를 들고 나타난다. (B) 그는 여러분이 바쁘다는 것을 알고 있으며, 샌드위치를 사 주는 것으로 돕고 싶다고 말한다. 이런 경우에, 여러분은 친구의 도움에 고마워할 가능성이 높다. (C) 그러나 만약 낯선 사람이 같은 샌드위치를 들고 나타나 그것을 여러분에게 준다면, 여러분은 그것을 고마워하지 않을 것이다. 대신에, 혼란스러울 것이다. 여러분은 '당신은 누군데, 제가 어떤 종류의 샌드위치를 먹고 싶은지 어떻게 아세요?'라고 아마도 생각할 것이다. (A) 이 두 경우의 주요 차이점은 신뢰 수준이다. 여러분은 가장 친한 친구를 아주 많이 믿어서 그 친구가 여러분을 너무 잘 알고 있다는 것에 대해 걱정하지 않겠지만, 낯선 사람에게는 분명히 같은 수준의 신뢰를 주지 않을 것이다.

해설 |

여러분이 바쁠 때 친구가 샌드위치를 사 주는 상황을 가정한 내용인 주어진 글에 이어 그 친구에게 고마워하는 내용인

(B)가 온다. 낯선 사람이 같은 샌드위치를 가져오는 경우의 혼란스러움을 언급한 (C)가 이어지고 두 경우의 차이가 신뢰 수준의 차이라고 결론짓는 (A)가 오는 것이 자연스럽다.

구문 |

▶ 1행 / Suppose [that you are busy working on a project one day and you have no time to buy lunch].

[ ]로 표시된 부분은 Suppose의 목적어 역할을 한다.

▶ 6행 / He tells you [that he knows {you are busy} and he wants to help you out by buying you the sandwich].

[ ]로 표시된 부분은 tells의 직접목적어 역할을 하고, 그 안의 { } 는 knows의 목적어 역할을 한다.

확인 테스트
본문 62~63쪽

1 ⑤	2 ③	3 ②

1
정답 ⑤

소재 | SNS 팔로어 숫자에 대한 민감성

해석 | 며칠 전에 나는 지하철을 타고 가면서 두 어린 소녀들이 서로의 SNS(소셜 네트워킹 서비스) 계정을 자세히 읽으며 얘기하는 것을 들었다. (C) "너는 얼마나 많은 팔로어가 있니?"라고 한 소녀가 물었다. "300명밖에 없어."라고 다른 한 소녀가 낙담하는 것처럼 들리는 소리를 내며 말했다. "그럼, 너는 얼마나 있어?" (B) 다른 한 소녀는 다섯 자리의 수로 대답했다. 그리고 나는 첫 번째 소녀가 기가 꺾여 보이면서 지하철 차량에 편안히 앉는 것을 보았다. 얼마나 많은 사람을 여러분이 팔로우하는지, 얼마나 많은 사람이 여러분을 팔로우하는지, 얼마나 많은 좋아요와 평을 여러분이 받게 되는지와 같이 숫자에 묶이는 것은 쉽다. (A) 하지만 사실상 여러분이 그러한 사람들과 얼마나 많이 실제적인 방법으로 상호작용하는지 생각해 보아라. 여러분이 얼마나 많은 사람들과 매일 상호작용하는지를 생각한다면, 그 숫자는 아마 훨씬 더 적을 것이다.

해설 |

지하철에서 두 소녀가 SNS 계정에 대해 이야기하는 것을 들었다는 내용의 주어진 글에 이어 한 소녀가 팔로어의 수를 다른 소녀에게 묻는 내용인 (C)가 온다. 다른 한 소녀의 대

답과 사람들이 숫자에 묶이기 쉽다는 내용인 (B)가 이어지고 매일의 실제 생활에서는 상호작용하는 사람들의 수가 더 적다는 (A)가 오는 것이 자연스럽다.

구문 |

▶ 3행 / If you think of how many you interact with on a daily basis, the number is probably **smaller still**.
still은 비교급을 강조해서 '훨씬, 더욱'의 의미를 갖는다. even, much, far, a lot과는 달리 still은 비교급 앞에서도 수식을 하지만 비교급 뒤에서도 수식을 한다.

2

정답 ③

소재 | 어른의 권위 상실

해석 | 어른에게 있던 권위의 역할과 지위와 밀접한 관련이 있는 혼란은 젊은 세대를 사회화하는 사회의 능력에 대한 확신의 상실로 이어졌다. (B) 권위의 상실은 어른이 젊은 세대에게 전달할 중요한 어떤 것을 가지고 있다는 주장을 약화시킨다. 이러한 어른의 권위의 위기는 분명함과 확신을 가지고 규범과 가치의 공유된 체계를 전달하지 못하는 것으로서 자주 경험된다. (C) 흔히 학교는 자신의 학생들의 사회화를 위해 책임을 지는 임무를 맡는다. 그리고 그것은 때때로 학교가 더 넓은 사회가 답을 가지고 있지 않는 문제의 해결책을 발견하도록 기대되는 듯이 보인다. (A) 결과적으로, 사회의 문제는 교육의 문제와 자주 혼동된다. 어른의 권위가 줄어듦에 따라 특히 사회화의 영역에서 학교의 역할은 확대되는 것처럼 보인다.

해설 |

어른에게 있던 권위의 역할에 대한 혼란에 관한 내용인 주어진 글에 이어 그 권위의 상실이 젊은 세대들에게 규범과 가치를 전달하지 못하게 되었다는 내용의 (B)가 이어진다. 그 뒤에 학교가 사회화의 책임을 지게 된다는 내용인 (C) 이후에 학교의 역할이 확대되는 것처럼 보인다는 (A)가 오는 것이 자연스럽다.

구문 |

▶ 6행 / The loss of authority undermines the claim [that adults have something important to transmit to the younger generations].
[ ]로 표시된 부분은 the claim과 동격 관계이다.

▶ 10행 / Often schools are charged with the task of [taking responsibility for the socialization of their students], and it sometimes appears that schools are expected to find solutions to problems [for which the wider society has no answer].
첫 번째 [ ]는 the task와 동격 관계에 있는 동명사구이고, 두 번째 [ ]는 problems를 수식하는 관계절이다.

3

정답 ②

소재 | 유인원을 대상으로 한 바나나 실험

해석 | 한 무리의 원숭이들이 단 하나의 우리 안에 수용된 한 실험에서, 유인원 중 하나가 바나나를 향해 갔고, 그 순간에 우리는 다른 모든 유인원에게 물을 퍼부었다. 바나나를 가진 유인원은 매우 기뻤지만 나머지 유인원은 그렇지 못했다. (B) 그래서 우리는 바나나를 새것으로 교체하고 기다렸다. 그 대담한 유인원은 그 바나나를 얻으려고 노력했다. 하지만 그가 바나나를 향해 움직이자마자 다른 유인원에 의해 심하게 공격받았다. 마침내 그 대담한 유인원은 바나나를 얻으려는 자신의 시도를 포기했다. (A) 결과에 매우 만족한 우리는 두 유인원을 새로운 두 유인원으로 교체했다. 새로운 두 유인원은 당연히(물론) 바나나를 향해 갔고, 그들은 집단의 나머지에 의해 즉시 '바로잡혔다.' 전체 집단이 새 유인원으로 구성될 때까지 구 유인원을 새 유인원으로 교체하면서 실험은 계속되었다. (C) 유인원 중 하나가 바나나를 향해 가자마자 그는 집단의 다른 구성원들에 의해 바로잡혔다. 이것은 참으로 주목할만한 결과였다. 왜냐하면 유인원 중 누구도 물에 의한 실제 벌을 경험하지 않았지만 그들 모두는 서로를 바로잡아 결국은 바나나를 향해 가지 못했다.

해설 |

실험에서 한 유인원이 바나나를 향해 갈 때 다른 유인원에게 물을 퍼부은 내용인 주어진 글에 이어 그 유인원이 새로 교체된 바나나를 향해 갈 때 다른 유인원이 그를 공격했다는 내용인 (B)가 이어진다. 유인원을 새로운 인원으로 교체하며 실험을 계속한 내용인 (A)로 이어진 후 누구도 물에 의해 실제 벌을 받은 경험이 없지만 어떤 유인원도 바나나를 향해 가지 못하게 되었다는 (C)의 내용으로 이어지는 것이 자연스럽다.

구문 |

▶ 11행 / [As soon as one of the apes went for the banana], he was corrected by the other members of the group.
[ ]로 표시된 부분은 시간을 나타내는 부사절이다.

Day 17 문단 안에 문장 넣기 본문 64~65쪽

기출 예제
정답 ⑤

소재 | 학교 도서관의 소음 관리

해석 | 학교 도서관에서 소리에 대한 염려는 과거보다 오늘날 훨씬 더 중요하고 복잡하다. 오래 전, 전자 장비들이 도서관 환경의 아주 중요한 일부가 되기 전에는 사람들이 만들어 내는 소음을 처리하기만 하면 되었다. 오늘날에는, 컴퓨터, 프린터 그리고 다른 장비들의 폭넓은 사용이 기계 소음을 더했다. 집단 활동과 교사의 설명이 학습 과정의 필수적인 부분이기 때문에, 사람의 소음 또한 증가했다. 그래서 현대의 학교 도서관은 더는 예전처럼 조용한 구역이 아니다. 그러나 많은 학생들이 조용한 학습 환경을 원하기 때문에, 도서관은 공부와 독서를 위해 여전히 조용함을 제공해야 한다. 도서관 환경에 대한 이러한 요구를 고려해 볼 때, 원치 않는 소음이 제거되거나 적어도 최소한으로 유지될 수 있는 공간을 설계하는 것이 중요하다.

해설 |

글의 내용은 시대의 변화로 학교 도서관의 소음이 불가피하게 증가했지만, 도서관 환경에 대한 기본적인 요구를 고려할 때 조용한 공간을 유지하는 것이 필요하다는 내용이다. 마지막 문장은 도서관 환경에 대한 이러한 요구에 해당하는 내용으로 주어진 문장이 그 앞인 ⑤에 들어가는 것이 글의 흐름상 자연스럽다.

구문 |

▶ 3행 / Acoustic concerns in school libraries are much more important and complex today than [**they** were (important and complex) in the past].

[ ]로 표시된 부분의 they는 Acoustic concerns in school libraries를 대신한다. [ ] 안에 ( )로 표시된 부분이 생략된 것으로 이해할 수 있다.

▶ 9행 / Considering this need for library surroundings, **it** is important [to design spaces {where unwanted noise can be eliminated or at least kept to a minimum}].

it은 형식상 주어이고 [ ]로 표시된 부분은 내용상 주어이다. [ ] 안에 { }로 표시된 부분은 spaces를 수식하는 관계절이다.

확인 테스트
본문 66~67쪽

1 ②	2 ⑤	3 ⑤

1
정답 ②

소재 | 오렌지색 당근의 유래

해석 | 여러분이 확실히 몰랐던 사실이 여기 있는데, 당근은 한때 오렌지색을 '제외한' 모든 색을 가지고 있었다. 붉은색, 검은색, 초록색, 하얀색 그리고 심지어 보라색 변종도 있었다. 그런데 16세기의 어느 시점에, 네덜란드 재배자들은 이 뿌리 식물에 애국적인 강점을 부여하기로 했다. 북아프리카의 돌연변이 씨앗을 사용해서 재배자들은 스페인인들로부터 독립을 이끌어 낸 그들의 군주인 오렌지 왕자 William 1세에게 경의를 표하여 오렌지색 변종을 개발하기 시작했다. 오렌지색 깃발을 가진 국가는 이제 바로 그들만의 오렌지색 당근을 갖게 되었다. 여러분은 한 번도 사용된 적 없는 것이었어도 역사상 가장 최고로 성공적인 브랜드 활동 중 하나로 불러도 될 것이다. 역사상 가장 위대한 (기대를 놓쳐) 아쉬운 브랜딩 기회를 먹고 있다는 것을 아는 것은 당근을 아직아직 씹어 먹는 사람들은 아주 극소수이고 심지어 Bugs Bunney조차도 모른다.

해설 |

이 글은 과거에 오렌지색 당근이 없었는데 네덜란드인들의 애국심으로 오렌지색 변종이 생겨났다는 내용으로 ② 이후로 애국심과 연관된 내용이 나오므로 주어진 문장이 ②에 들어가는 것이 글의 흐름상 자연스럽다.

구문 |

▶ 4행 / [Using a mutant seed from North Africa], breeders began developing an orange variety in honor of their monarch, William I, the Prince of Orange, [who led them to independence against the Spaniards].

첫 번째 [ ]는 breeders를 의미상 주어로 하는 분사구이고, 두 번째 [ ]는 their monarch, William I, the Prince of Orange를 부연 설명하는 관계절이다.

▶ 8행 / You might call this [one of history's most superbly successful branding exercises], albeit **one** that was never capitalized on.

[ ]로 표시된 부분은 call의 목적격 보어 역할을 한다. one은 an exercise를 대신한다.

2

소재 | 자존감을 형성하는 경험

해석 | Pete Bradshaw는 1981년 (출간된) 자신의 책 'The Management of Self-Esteem'에서 자존감을 보는 관점이 어떻게 작동하는지를 묘사하는 소득과 저축이라는 개념을 근거로 한 경제적인 비유를 제안했다. 그는 인생에서 자존감을 강화시킬지도 모를 모든 경험을 잠재적인 자존감 '수입'의 비축으로 보았다. 개인이 이 자존감 '계좌'에 넣기 위해 어떤 종류의 경험을 '입금(액)'으로 사용할지 선택하는 것은 이 모델에서 중요하지 않은데 왜냐하면 그 경험들 모두 한 공간으로 가기 때문이다. '수입의 흐름'의 강도나 빈도만이 우리의 자존감의 수준을 결정한다. 실패는 계좌에서의 인출액과 매우 흡사하게 자존감을 손상시키는 것으로 간주될 수 있다. 하지만 어떤 한 통로를 막는 것이 반드시 문제가 되는 것은 아닌데 그 이유는 다른 통로들이 성장을 보상하는 데 사용되기 때문이다. 단지 전체 총 양만이 중요하다.

해설 |
이 글은 자존감을 형성하는 경험을 은행 계좌에 입금하는 것에 비유하여 글의 마지막에 돈(자존감을 강화시키는 경험)이 들어오는 통로에 상관없이 총 양이 중요하다는 내용이 자연스럽게 연결되기 위해 ⑤에 주어진 문장이 들어가는 것이 적절하다.

구문 |
▶3행 / Pete Bradshaw offered an economic analogy based on the concepts of income and savings [that describes how the view of self-esteem works in his 1981 book, "*The Management of Self-Esteem*]."
[ ]로 표시된 부분은 an economic analogy를 수식하는 관계절이다.

▶5행 / He viewed [all the experiences {that may enhance self-esteem in life}] as a reserve of potential self-esteem "income."
[ ]로 표시된 부분은 viewed의 목적어이고, 그 안의 { }는 all the experiences를 수식하는 관계절이다.

3

소재 | 시선 변경의 전염성

해석 | 일정 방향으로 향하게 하는 반응은 전염될 수 있다. 우리는 자신이 막 감지한 자극(갑작스런 소음이나 주변 시야 내의 움직임과 같은)을 향해 우리 자신을 향하게 할 뿐만 아니라 우리는 또한 '다른 사람들'이 향하는 방향으로 우리 자신을 향하게 한다. 예를 들어 4개월 된 어린 유아가 다른 사람의 시선을 따라갈 것이고, 어른들도 마찬가지로 그럴 것이다. 이러한 반응을 시험해보기 위해 누군가와 그저 대화를 하고 그러고 나서 그 사람의 어깨 너머로 여러분의 시선을 돌리고 여러분의 눈을 다소 크게 하라. 그 사람이 얼마나 빨리 돌아보는지를 보아라. 흥미롭게도 이러한 효과는 종 전체에 걸쳐 발생한다. 여러분에게 애완동물이 있다면, 여러분이 애완동물이 응시하는 쪽으로 여러분의 방향을 돌리고 나서 아무것도 보이지 않아 실망했던 것을 발견했던 적이 있을 것이다. 개와 고양이들은 인간과는 다소 다른 지각 체계를 가지고 있기 때문에, 그들은 흔히 우리가 감지할 수 없는 것들을 듣고, 보고, 또는 냄새를 맡을 수 있다.

해설 |
주어진 문장은 애완동물이 응시하는 쪽으로 자신의 방향을 돌리고 나서 아무것도 보이지 않아 실망했던 사례에 관한 내용이므로 개와 고양이의 지각 체계가 인간과 달라 인간이 감지할 수 없는 것을 감지할 수 있다는 내용의 문장 앞인 ⑤에 놓이는 것이 가장 자연스럽다.

구문 |
▶1행 / If you have a pet, you may have found yourself [orienting in the direction of your pet's gaze], and [becoming frustrated when you did not see anything]!
두 개의 [ ]로 표시된 부분은 and에 의해 대등하게 연결되어 found의 목적격 보어 역할을 한다.

▶3행 / [Not only do we orient ourselves toward stimuli {we have just sensed} (like a sudden noise or movement in our peripheral visual field)], but we also orient ourselves in the direction [that *others* have oriented].
첫 번째 [ ]는 부정 표현 Not only로 시작되었기 때문에 주어 we와 조동사 do가 도치되었으며, 그 안의 { }는 stimuli를 수식하는 관계절이다. 두 번째 [ ]는 the direction을 수식하는 관계절이다.

Day 18 요약문 완성

본문 68~69쪽

기출 예제

소재 | 까마귀의 지능

해석 | 까마귀는 놀랄 만큼 영리한 새 과(科)이다. 그들은 닭과 같은 다른 새들에 비해 훨씬 더 많은 복잡한 문제들을 해결할 수 있다. 부화한 후에 닭은, 둥지로 자신들에게 먹이를 가져다주는 어미새에게 의존하는 까마귀보다 훨씬 더 빨리 분주하게 자신의 먹이를 쪼아 먹는다. 하지만, 다 자랐을 때 닭은 매우 제한적인 먹이를 찾는 능력을 지닌 반면, 까마귀는 먹이를 찾는 데 있어서 훨씬 더 유연하다. 까마귀는 또한 (결국) 더 크고 더 복잡한 뇌를 가지게 된다. 부화와 둥지를 떠나는 것 사이에 그들의 긴 기간으로 인해 지능을 발달시킬 수 있게 된다.
→ 까마귀는 더 긴 <u>의존</u>의 기간을 가지고 있기 때문에 닭보다 더 <u>똑똑하다</u>.

해설 |
까마귀는 닭보다 더 똑똑한데 이는 부화와 둥지를 떠나는 것 사이에 긴 기간 때문이라고 했으므로 요약문의 빈칸에 들어갈 말로 가장 적절한 것은 ① '똑똑한－의존'이다.
② 수동적인－의존
③ 이기적인－경쟁
④ 똑똑한－경쟁
⑤ 수동적인－사냥

구문 |
▶1행 / They are capable of solving many more complex problems [compared to other birds, such as chickens].
[ ]는 They가 의미상 주어 역할을 하는 분사구이다.
▶2행 / After hatching, chickens peck busily for their own food much faster than crows, [which rely on the parent bird to bring them food in the nest].
[ ]는 관계절로 crows를 부연 설명한다.

확인 테스트
본문 70~71쪽

1 ②   **2** ③

1
정답 ②

소재 | 모호한 언어 표현을 선호하는 사람들의 경향
해석 | 'feel'이라는 단어는 'think'라는 단어의 동의어가 아니다. '생각하다'가 더 적절한 경우에 '감정을 느끼다'가 흔히 사용된다. 감정은 마치 생각과 떨어져 있고 분리되어 존재하는 것처럼 흔히 사용되고, 감정이 그 자체의 생명력이 있어 어떤 의심 없는 사람에게 가서 온갖 피해를 입히기를 기다리며 그저 떠도는 것처럼 사용된다. 어떤 이유에서인지 우리 사회는 실제로 행동을 묘사하는 용어 대신에 'emotion'이나 'emotional' 같은 단어를, 또는 둘 다를 사용하는 것을 선호하는 것 같다. 아마도 그것은 거의 모든 것에 대하여 구체적이 되는 것으로부터 우리가 도망쳤기 때문일 것이다. 우리는 일반론, 애매함, 그리고 정확성과 명료함이 부족한 언어를 좋아하는 것 같다. 그래서 우리는 누군가가 행복하다거나 슬프다거나 또는 그 비슷한 무엇이든 말하는 것 대신에 우리는 그저 그가 감정적이라고 말하는 경향이 더 있다. 그것은 감정이 애초에 어디에서부터 오는지를 이해해야 하는 세심함을 기피한다.
→ <u>모호한</u> 언어를 사용하는 것이 사회적으로 더 용인되기 때문에 사람들은 <u>감정적인</u> 같은 단어들을 사용한다.

해설 |
사회가 구체적인 언어보다는 모호하고 명료하지 않은 언어를 사용하는 것을 더 용인하기 때문에 사람들은 감정적인 같은 단어들을 사용하는 경향이 있다는 내용의 글이므로, 요약문의 빈칸 (A)에는 emotional, (B)에는 ambiguous가 가장 적절하다.
① 감정적인－감상적인
③ 부정적인－모호한
④ 부정적인－구체적인
⑤ 사려 깊은－구체적인

구문 |
▶7행 / We seem to like generalities, vagueness and language [that lacks precision and clarity].
[ ]로 표시된 부분은 language를 수식하는 관계절이다.
▶8행 / So, instead of saying [someone is happy or sad or whatever], we are more inclined to simply say [he is emotional].
첫 번째 [ ]는 saying의 목적어이고 두 번째 [ ]는 say의 목적어이다.

2
정답 ③

소재 | 기계의 사회화
해석 | 대부분의 사회학자들은 사람의 능력의 대부분은 사회 조직에 속해 있어서 얻어진다고 믿는다. 만약 기계가 인간의 추론을 흉내 낼 수 있다면, 그러면 인간은 기계를 '사회화'

시키는 방법을 알게 되었거나 '사회적인 것'이라는 개념에 무언가 문제가 생긴 것이다. 지금 인간들은 어떻게 기계를 사회화시키는지 모른다. 즉 어떤 기계도 태어나서부터 길러지고, 가족 내에서 언어를 배울 수 없으며, 이미 만들어져 있는 일련의 사회적 능력과 사회적 상호작용을 통해 그것들(능력)을 지속적으로 형성할 수 있는 능력이 각인되어 있는 기계도 없다. 기계가 발달하면서 가끔 기계가 그러한 능력을 가진 것으로 주장이 되어 왔다. 예를 들어, 신경 회로망이 스스로 배울 수 있는 것으로 보이지만 그것은 비둘기와 같은 것들을 훈련시킬 때처럼 서툴고 행동적인 방식으로만 가능하므로 사회화의 더 깊은 문제는 다루어진 적이 없다. 이것은 인공 지능의 어떤 실제적 성공이라도 사회학자의 사회적인 것이라는 개념을 위협할 수 있다는 것을 의미한다.

→ 집단에서의 상호작용을 통해 길러질 수 있는 인간의 능력은 아직 인공 지능에서 성공적으로 구현된 적이 없고, 만약 그것이 가능하다면 이는 사회적인 것이라는 개념을 위협할 수도 있다.

해설 |

이 글은 인간의 능력은 다른 사람과의 상호작용인 사회화를 통해 형성되는 것이므로 기계가 인간처럼 완전한 사회화의 과정을 겪을 수 없다는 내용이다. 따라서 요약문의 빈칸 (A)와 (B)에는 각각 interaction과 threaten이 들어가는 것이 가장 적절하다.

① 갈등 - 약화시키다
② 토의 - 수용하다
④ 경쟁 - 강화시키다
⑤ 학습 - 형성하다

구문 |

▶ 2행 / If machines could succeed in mimicking human reasoning, then either [humans would have learned to "socialize" machines] or [there would be something wrong with the idea of "the social."]
[ ]로 표시된 두 부분은 '둘 중 하나'라는 의미의 「either ~ or ...」로 대등하게 연결되었다.

▶ 8행 / For example, neural nets appear to be capable of learning by themselves, but only in a crude, behavioristic way, as one might train a pigeon or the like, [so the deep problem of socialization has not been approached].
[ ]로 표시된 부분은 결과를 나타내는 절이다.

Part Ⅵ 통합적 이해

Day 19 장문의 이해_1지문 2문항 본문 72~73쪽

기출 예제   정답 1. ② 2. ①

소재 | 유명한 과학자의 질문 능력

해석 | Isaac Newton, Louis Pasteur, Albert Einstein, Thomas Edison, Pierre Curie와 Marie Curie 부부, Stephen Hawking 등 여러분이 알고 있는 가장 유명한 과학자들을 생각해 보라. 이 모든 사람들이 공통으로 가진 것은 무엇일까? 우선 한 가지는 그들이 모두 매우 똑똑하다는 것이다. 어떤 경우에 그들은 자신들의 특정한 주제에 대해 자신들이 알고 있는 것 대부분을 독학하기까지 했다. 사실, Isaac Newton 경은 오로지 자신이 물리학에서 풀려고 애쓰고 있는 문제들을 풀기 위해 새로운 수학 분야(미적분학)를 만들어 내야 했다. 그들을 그들 당대의 다른 똑똑한 사람들과 구별해 주는, 그들 모두가 공통으로 지녔던 다른 것이 있는데, 그것은 질문을 던지는 그들의 능력이다.

단지 좋은 두뇌를 갖는 것이 항상 충분하지는 않다. 훌륭한 과학자가 되기 위해서 여러분은 수백, 어쩌면 심지어 수천 명의 사람들이 이미 보고 풀 수 없었던 문제를 보고, 새로운 방식으로 질문을 할 수 있어야 한다. 그러면 여러분은 그 질문을 가지고 그것에 답하는 새로운 방법을 생각해 내게 된다. 그것이 Newton과 여타 과학자들을 매우 유명하게 만든 것이다. 그들은 지성을 "나는 이것에 대한 답을 알고 싶어."라고 말하는 호기심과 결합시켰다. 올바른 질문을 생각해 낸 후에 그들은 그 질문들에 답하는 방법을 발견했고, 자신들의 발견으로 유명해졌다.

해설 |

1 위대한 과학자가 되기 위해서는 질문을 던지고 그것에 대한 답을 발견하는 능력이 필요하다는 것이 중심 내용이므로 제목으로 가장 적절한 것은 ② '위대한 과학자가 되는 데 무엇이 필요한가?'이다.

① 과학: 독인가 약인가?
③ 더 나은 미래를 위해 여러분의 재능을 나누라
④ 예술 속의 과학, 과학 속의 예술
⑤ 감정이 없으면 지성도 없다

2 훌륭한 과학자가 되기 위해서는 두뇌뿐만 아니라 새로운 방식으로 질문을 던지는 자세, 즉 호기심이 필요하다고 했으

므로 빈칸에 들어갈 말로 가장 적절한 것은 ① '결합시켰다'
이다.
② 대체했다   ③ 혼동했다   ④ 최소화했다   ⑤ 비교했다

구문 |

▶ 6행 / There is something else they all had in common [that set them apart from the other smart people of their time]—their ability to ask questions.
[ ]는 something else they all had in common을 수식하는 관계절이다.

▶ 8행 / To be a great scientist, you need to be able to look at a problem [that hundreds, maybe even thousands, of people {have already looked at} and {have been unable to solve}], and ask the question in a new way.
[ ]는 a problem을 수식하는 관계절이고, 그 안에 { }로 표시된 두 개의 동사구가 and로 연결되어 있다.

확인 테스트   본문 74~75쪽

| 1 ② | 2 ⑤ |

1~2   **정답** 1. ② 2. ⑤

소재 | 인간의 마음을 읽는 식물

해석 | 검류계의 수치가 뛰게 할 수 있을 정도로 강한 반응을 인간에게서 유발하는 가장 효과적인 방법은 그 사람의 행복을 위협하는 것이다. CIA의 심문 전문가인 Cleve Backster는 바로 그것을 식물에게 해 보기로 결심하여, 손에 든 뜨거운 커피잔에 드라세나 잎 하나를 넣었다. 측정 장치에 이렇다 할 만한 반응이 없었다. Backster는 몇 분 동안 그 문제를 연구한 후 더 심한 위협을 생각했다. 즉, 그는 전극이 부착된 실제 잎을 태우려 했다. 그가 불꽃의 그림을 마음속에 품은 순간, 그리고 성냥을 향해 움직여 갈 수도 있기 전에, 기록하는 펜의 계속적인 상향 곡선의 형태로 그래프의 기록 패턴에 인상적인 변화가 있었다. Backster는 식물을 향해서나 기록계를 향해서 이동하지 않았다. Backster가 방을 나와 성냥 몇 개를 가지고 돌아왔을 때, 그는 그 차트에 또 다른 갑작스러운 급상승이 기록되어 있었다는 것을 알았는데, 그것은 분명히 그 위협을 실행하려는 그의 결심 때문에 유발된 것이었다. 마지못해 그는 나뭇잎을 태우기 시작했다. 이번에는 그래프에 나타난 반응의 최대치

가 더 낮았다. 나중에, 그가 나뭇잎을 태우는 척하는 행동을 했을 때, 전혀 아무런 반응도 없었다. 그 식물은 <u>실제 의도와 가짜 의도를 구별할 수 있는</u> 것처럼 보였다.

해설 |

1 마음속에 실제로 나뭇잎을 태울 것이라는 위협적인 생각을 품었을 때 식물이 반응을 보였으나 나뭇잎을 태우는 척하는 행동을 했을 때는 아무런 반응도 없었다는 내용이므로 제목으로 가장 적절한 것은 ② '식물은 인간의 마음을 읽을 수 있나?'이다.
① 생명의 식물, 죽음의 식물
③ 모든 정원에 알맞은 식물
④ 민감한 영혼: 식물의 의사소통
⑤ 멸종 위기에 처한 식물: 사라질 운명인가?

2 나뭇잎을 태우겠다는 위협을 실행하려는 결심을 했을 때는 기록계에 변화가 크게 나타났으나 나뭇잎을 태우는 척하는 행동을 했을 때는 전혀 아무런 반응도 없었다고 했으므로 빈칸에 들어갈 말로 가장 적절한 것은 ⑤ '실제 의도와 가짜 의도를 구별할'이다.
① 알맞은 양의 영양소를 흡수할
② 그 자체의 방어력을 끌어올려 준비할
③ 어떤 상황에서도 빠른 속도로 성장할
④ 어떤 사람이 친구인지 적인지 확인할

구문 |

▶ 1행 / The most effective way [to trigger in a human being a reaction strong enough {to make the galvanometer jump}] is to threaten his or her well-being.
[ ]는 The most effective way를 수식하는 to부정사구이고, 그 안의 { }는 enough의 기준을 나타내는 to부정사구이다.

▶ 10행 / When Backster left the room and returned with some matches, he found another sudden surge had registered on the chart, [evidently caused by his determination to carry out the threat].
[ ]는 앞의 내용에 대해 부연 설명하는 분사구이다.

Day 20 장문의 이해_1지문 3문항 본문 76~77쪽

기출 예제   **정답** 1. ④ 2. ⑤ 3. ⑤

소재 | 자신감의 중요성

해석ㅣ (A) 많은 빚을 져서 벗어날 길이 보이지 않는 한 회사 중역이 있었다. 그는 어떠한 은행에서도 돈을 더 빌릴 수 없었고, 공급 업체에게 돈을 지불할 수도 없었다. 어느 날, 그는 회사가 파산하는 것을 막을 무언가가 있을까 생각하며 머리를 감싸 쥔 채 공원 벤치에 앉아 있었다.

(D) 갑자기 한 노인이 그의 앞에 나타났다. 그는 "무엇인가 당신을 괴롭히고 있는 것 같군요."라고 말했다. 그 중역의 걱정을 듣고 난 후 그 노인은 "내가 당신을 도울 수 있다고 믿습니다."라고 말했다. 그는 그 남자에게 이름을 물었고, 수표를 써서 그의 손에 밀어 넣었다. 그는 "이 돈을 가져가시오. 오늘로부터 정확히 일 년 뒤에 여기서 나를 만나 그때 내 돈을 갚으면 됩니다."라고 말했다. 그러고 나서 그는 돌아섰고 왔던 것만큼이나 빠르게 사라졌다.

(B) 그 중역은 그 당시 세계에서 가장 부유한 사람 중 하나인 John D. Rockefeller가 서명한 오십만 달러짜리 수표가 자기 손에 있는 것을 보았다! 그는 '나는 당장 돈 걱정을 잊을 수 있겠네!'라고 생각했다. 그러나 대신에, 그 중역은 수표를 자신의 금고에 넣어두기로 결심했다. 단지 그 수표가 거기 있다는 것을 아는 것만으로 그의 회사를 구할 방법을 찾아낼 힘을 얻을 수도 있다고 생각했다. 몇 달 이내에 그는 빚에서 벗어났고 다시 돈을 벌게 되었다.

(C) 정확히 일 년 후에 그는 그 수표를 가지고 공원으로 다시 갔다. 약속된 시간에 그 노인이 나타났다. 그러나 바로 그때, 한 간호사가 달려와서 그 노인을 붙잡았다. "이 사람이 당신을 성가시게 하지 않았기를 바랍니다. 그는 항상 요양원을 탈출해서 사람들에게 자신이 John D. Rockefeller라고 말합니다."라고 간호사가 말했다. 놀란 중역은 그저 거기에 서 있었다. 갑자기 그는 자신의 인생을 전환시킨 것이 진짜이든 상상이든 그 돈이 아니라는 것을 깨달았다. 그가 추구하는 것이 무엇이든 그것을 성취할 수 있게 해준 것은 바로 새로 발견한 자신감이었다.

해설ㅣ

1 빚 때문에 곤경에 처한 회사 중역에 관해 언급한 주어진 글 (A) 다음에 한 노인으로부터 수표를 받고 일 년 뒤 만나서 갚으라는 말을 들은 내용인 (D)가 이어진다. John D. Rockefeller라고 서명된 수표를 금고에 넣어두고 쓰지 않은 채 빚에서 벗어난 내용인 (B)로 이어지고 노인을 다시 만났으나, 그 노인이 John D. Rockefeller가 아니라는 것을 알고 자신감의 중요성을 깨달은 내용인 (C)가 이어지는 것이 자연스럽다.

2 (e)는 노인을 가리키고, 나머지는 모두 회사 중역을 가리킨다.

3 회사 중역은 노인에게 자신의 고민을 털어놓았다고 했으므로, 글의 내용과 일치하지 않는 것은 ⑤이다.

구문ㅣ

▶ 1행 / There was a business executive [who was deep in debt and could see no way out].

[ ]로 표시된 부분은 a business executive를 수식하는 관계절이다.

▶ 14행 / Suddenly, he realized [that **it was**{n't the money, real or imagined}, **that** had turned his life around].

[ ]로 표시된 부분은 realized의 목적어 역할을 하고, 그 안에 「it was ~ that...」의 강조 구문이 사용되었는데 { }로 표시된 부분을 강조하고 있다.

단어와 숙어ㅣ

executive (기업이나 조직의) 중역

debt 빚

check 수표

grab 붙잡다

self-confidence 자신감

확인 테스트 본문 78~79쪽

| 1 ⑤ | 2 ④ | 3 ③ |

1~3

정답 1. ⑤ 2. ④ 3. ③

소재ㅣ 유언으로 남긴 말의 분배

해석ㅣ (A) 한 부자 남자가 죽었을 때 19마리의 말을 소유하고 있었다. 그가 쓴 유언에는 자신이 죽었을 때 자신이 소유한 말의 절반을 자신의 외아들에게 주고, 4분의 1은 마을의 사원에, 5분의 1은 충실한 하인에게 주라고 씌어 있었다. 마을 원로들은 계속 사신들의 머리를 긁적일 수밖에 없었다. 19마리의 말의 절반을 그들이 어떻게 아들에게 줄 수 있을까? 말을 조각낼 수는 없는 게 아닌가? 그들은 2주 넘는 동안 이 딜레마를 해결하려고 머리를 짜냈고 이웃 마을에 사는 현명한 남자를 부르러 사람을 보내기로 결정했다.

(D) 그 현명한 남자는 자신의 말을 타고 왔고 마을 사람들에게 자신이 그들에게 어떤 도움이 될 수 있는지 물었다. 마을 원로들은 그에게 19마리의 말의 절반이 부자의 외아들에게 주어져야 하고 4분의 1은 마을의 사원에, 5분의 1은 충

실한 하인에게 주어야 한다는 부자의 유언에 대해 말했다. 현명한 남자는 자신이 그 어떤 지체함 없이 그들의 문제를 즉시 해결할 것이라고 말했다.

(C) 그는 19마리의 말을 서로 옆으로 일렬로 서 있도록 배치했다. 그러고 나서 그는 스무 번째 말로 그 자신의 말을 더했다. 이제 그는 아들에게 20마리의 절반인 10마리를 주며 일을 시작했다. 20마리의 4분의 1, 즉 5마리의 말은 사원 위원회에 주어졌다. 20마리의 5분의 1, 즉 4마리의 말은 충실한 하인에게 주어졌다. 10 더하기 5 더하기 4는 19마리의 말이 되었다.

(B) 마지막 스무 번째 말은 그 자신의 말이었는데, 그는 신속하게 말에 올라 몇 마디 격려의 말을 하고, 집으로 말을 타고 돌아갔다. 마을 사람들은 그저 어안이 벙벙했고, 믿기지 않았고 감탄으로 가득 찼다. 그리고 현명한 남자의 작별의 말은 그들의 마음과 정신에 새겨졌는데, 그들은 그것들을 매우 소중히 했고 오늘날까지 그들의 다음 세대에 전했다.

해설 |

1 한 부자 남자의 유언 내용을 해결하지 못해 이웃에 사는 현명한 남자를 부른 내용인 주어진 글 (A) 다음에 현명한 남자가 문제를 즉시 해결하겠다고 말한 내용인 (D)가 이어진다. 자신의 말을 포함시켜 20마리를 만들어 슬기롭게 말을 배부한 (C)의 내용이 이어지고 작별의 말을 남기고 자신의 집으로 되돌아간 내용인 (B)로 이어지는 것이 자연스럽다.

2 (d)는 부자 남자를 가리키고, 나머지는 모두 현명한 남자를 가리킨다.

3 현명한 남자는 자신이 타고 온 말을 타고 집으로 돌아갔다고 했으므로, 글의 내용으로 적절하지 않은 것은 ③이다.

구문 |

▶ 5행 / They puzzled over this dilemma for more than two weeks and then decided to send for a wise man [who was living in a neighboring village].

[ ]로 표시된 부분은 a wise man을 수식하는 관계절이다.

▶ 9행 / And the parting words of the wise man were inscribed in their hearts and minds, [which they greatly cherished and passed on to their succeeding generations till today].

[ ]로 표시된 부분은 the parting words of the wise man 을 부연 설명하는 관계절이다.

memo

memo

memo

고교 국어 입문 1위
베스트셀러

윤혜정의 개념의 나비효과 입문편 & 입문편 워크북

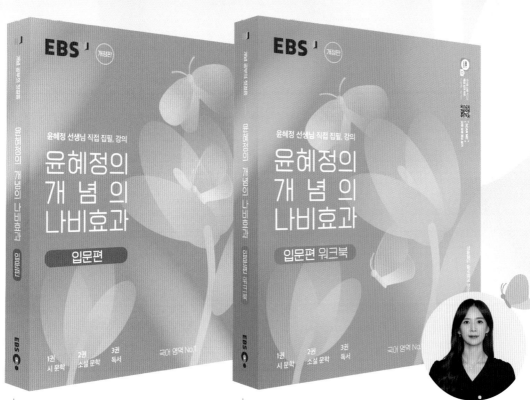

윤혜정 선생님

입문편

시, 소설, 독서. 더도 말고 덜도 말고 딱 15강씩.
영역별로 알차게 정리하는 필수 국어 개념 입문서
3단계 Step으로 시작하는 국어 개념 공부의 첫걸음

입문편 | 워크북

'윤혜정의 개념의 나비효과 입문편'과 찰떡 짝꿍 워크북
바로 옆에서 1:1 수업을 해 주는 것처럼 음성 지원되는
혜정샘의 친절한 설명과 함께하는 문제 적용 연습

단숨에 마무리!

OFF

단기 특강 영어독해 유형편

정답과 해설